▶ **YouTube**

박교수의 7분법(seven-law)

09 가상자산법

박 승 두

신세림출판사

머리말

 일반적으로 우리가 알고 있는 자산은 부동산, 동산, 돈 등이다. 이들은 모두 유체물이므로 볼 수 있고 만질 수 있다. 그런데 실물이 존재하지 않는 비트코인 등이 나타나 대중들 사이에서 널리 거래되어 왔다. 이는 국가가 법적으로 인정하는 자산이 아니기 때문에 거래의 모든 내용은 계약 당사자의 의사에 의존할 수 밖에 없었으며, 국가가 이에 간섭할 수도 없었다.

 그러나 점차 거래규모가 확대되고 대중화됨에 따라 이에 따른 피해가 발생할 수 있어 더 이상 이를 계약당사자들에게만 맡겨둘 수 없게 됨에 따라 각 국가는 이를 제도권내로 흡수하기 위한 노력을 하고 있다. 우리나라도 2020년 「특정 금융거래정보의 보고 및 이용 등에 관한 법률」을 제정하여 가상자산에 대한 규제를 시작하였고, 2023년 「가상자산 이용자 보호 등에 관한 법률」을 제정하여 이를 합법적으로 거래하고 보호받을 수 있도록 하였다.

 그럼에도 불구하고, 가상자산은 아직도 대중에게는 생소한 존재에 머무르고 있어, 그 개념과 법적 구조를 쉽게 이해할 수 있도록 이 책을 쓰게 되었다. 아무쪼록 이 책이 가상자산의 이해와 이에 관한 원활한 거래를 통하여 우리나라 금융산업과 국가경제의 발전에 조금이라도 기여할 수 있기를 바란다.

2025년 12월 1일

박 승 두 씀

목 차

제1장 가상자산법의 기본이해

제1절 가상자산의 개념	5
제2절 가상자산법의 개념	39
제3절 가상자산법의 법적 지위	45
제4절 가상자산법의 전망	72

제2장 외국의 가상자산법

제1절 미국의 가상자산법	83
제2절 유럽연합의 가상자산법	128
제3절 일본의 가상자산법	145

제3장 가상자산이용자보호법

제1절 가상자산 관련 기관	163
제2절 가상자산사업자	168
제3절 불공정거래행위의 규제	180
제4절 감독 및 처분 등	190
제5절 벌칙	211

제4장 특정금융정보법

제1절 금융회사등	221
제2절 가상자산사업자	233
제3절 벌칙	245

참고 문헌   247

표 목 차

〈표 1〉 자산의 범위 ... 7
〈표 2〉 가상자산법의 범위 ... 40
〈표 3〉 2007년 제정된 자본시장법의 주요 내용 ... 54
〈표 4〉 이익 및 손실액의 산정기준 ... 197
〈표 5〉 과태료의 부과기준 ... 216

제 1 장 가상자산법의 기본이해

제 1 절 가상자산의 개념
제 2 절 가상자산법의 개념
제 3 절 가상자산법의 법적 지위
제 4 절 가상자산법의 전망

제1절 가상자산의 개념

1. 자산의 개념

최근 '가상자산'이라는 용어가 새롭게 부상하고 있으며, 이에 관한 법률도 제정하였다. 그러나 아이러니한 것은 아직 법적으로 '자산'의 개념이 정립되지 않았다는 점이다. 어떻게 보면, '자산'이 뭔지도 모르는 상황에서 '가상자산'이 불쑥 튀어나왔다.

국민의 재산권을 보장한 헌법이나 그 행사의 기초인 민법은 자산이라는 개념을 사용하지 아니하고 있다. 민법은 물건[1]에 관하여 동산·부동산, 주물·종물, 원물·과실 등으로 구분하고 있다.[2]

그리고 '자산'이라는 단어가 들어간 법률을 찾아보면 「자산재평가법」이 있는데, 이 법도 자산의 개념을 규정하지 않고 사업자가 재평가하여야 할 자산에 대하여만 규정하

---

[1] "유체물 및 전기 기타 관리할 수 있는 자연력"을 물건으로 정의한다(제98조).
[2] 이러한 시대적 추세에 맞게 민법의 체계를 전반적으로 재구성하여야 한다.

고 있다. 그리고 「자산유동화에 관한 법률」도 자산의 개념을 규정하지 않고 유동화할 자산에 대하여만 규정하고 있다. 그리고 「국세기본법」이나 「법인세법」 등에도 자산의 정의는 찾아볼 수 없다.3) 그럼 도대체 자산이란 무엇인가? 법률이 정비되지 않은 현재의 상황에서 이를 유추해석할 수밖에 없다.

「가상자산 이용자 보호 등에 관한 법률」4)은 '가상자산'을 ① 경제적 가치를 지닌 것으로서 ② 전자적으로 거래 또는 이전될 수 있는 ③ 전자적 증표(그에 관한 일체의 권리를 포함한다)라고 정의하고 있다(제2조 제1호 본문). 여기서 '가상'의 부분(②와 ③)을 제외하면, '자산'은 **경제적 가치를 가지는 것**(①)이라 할 수 있다.

2. 실물자산과 가상자산

우리가 일반적으로 알고 있는 자산인 부동산, 동산, 돈 등은 대부분 유체물이므로 볼 수 있고 만질 수 있다. 그런데 실물이 존재하지 않는 비트코인 등이 나타나 대중들 사이에서 실제 거래되어 왔으며, 점차 확대되고 있어 각국은 이를 방치할 수 없는 상황에 이르렀다.

---

3) 순자산은 "자산의 총액에서 부채의 총액을 차감한 금액"이라 한다; 이준봉, 『법인세법강의』(2025), 195면.
4) 이하 '가상자산이용자보호법'이라 한다.

따라서 각국은 이를 기존의 실물이 있는 자산과 구별하여 가상자산 등으로 합법화하고 있다. 이러한 상황하에서 실물이 없는 자산을 **가상자산**이라 부른다면 기존의 실물이 있는 자산을 **실물자산**이라고 불러야 할 것이다.

〈표 1〉 자산의 범위

종 류	실물자산	가상자산	자산
부동산, 동산, 돈 등	(A)		(A+B)
코인, 가상화폐, 토큰증권 등		(B)	

3. '가상자산'이라는 용어

가. 출발점

실물이 없는 자산을 부르는 명칭은 통일되어 있지 않으며 다양하다.[5]

---

5) 가상자산, 가상통화, 가상화폐, 디지털자산, 디지털통화, 암호자산, 암호통화, 암호화폐 등 다양한 명칭이 사용되고 있다; 임재연, 『자본시장법』(2025), 1534면.

그 출발점을 보면, 2008년 10월 사토시 나카모토(中本哲史, Satoshi Nakamoto)가 블록체인(Blockchain)[6] 기술을 이용하여 비트코인(Bitcoin, BTC)을 개발하였는데,[7] 이를 **암호화폐**(Crypto Currency), **가상화폐**(Virtual Currency), **디지털화폐**(Digital Currency) 등으로 불렀다.

나. 자산으로서의 성격

점차 투자자산으로서의 성격이 부각되었고 **자금세탁방지기구**(Financial Action Task Force, FATF)가 2018년 10월 용어를 가상자산(Virtual Asset)으로 정의[8]한 후 자산으로서의 성격이 강조되었고,[9] **가상자산**(Virtual Asset), **디지털자산**(Digital Asset), **암호자산**(Crypto Asset) 등으로 다양하게 불리고 있다.[10]

이 책에서는 가상자산이용자보호법과 특정금융정보법의 규정에 따라 '가상자산'으로 표기하고자 한다.

---

6) 이는 데이터를 블록(**Block**)에 저장하고 이 블록을 체인(**Chain**)처럼 연결한 것으로, 새로운 비즈니스 거래와 계약에 대한 기록 체계를 원장이라 하는데, 이러한 원장을 중앙집중적인 한 기관이 독점적으로 보유하지 않고 중앙 서버없이 모든 참여자가 모든 거래 정보를 분산해서 저장한다; 박정환·좌봉두, 『블록체인 이해와 암호화폐』(2018), 4면.

7) 2009년 1월 프로그램 소스를 배포하였다.

8) 장일석, 『자금세탁방지제도의 이해』(2021), 106면.

9) 김재진·최인석, 『가상자산 법제의 이해』(2022), 24~25면.

10) 장세형·성필규·이진석, 『한권의 디지털 자산』(2024), 67~75면.

다. 입법례

(1) 우리나라

우리나라에서는 「특정 금융거래정보의 보고 및 이용 등에 관한 법률」[11]이 2020년 3월 24일 개정시(2021년 3월 25일 시행) **가상자산**이라 용어를 처음 사용하였으며, 이후 2023년 7월 18일 제정된 가상자산이용자보호법에서도 특정금융정보법과 같이 **가상자산**이란 용어를 사용하였다.[12]

2020년 7월 15일 제정된 「부산광역시 블록체인 기술 및 산업 활성화에 관한 조례」에서는 **가상자산**을, 2022년 4월 13일 제정된 「부산광역시 디지털 자산거래소 설립을 위한 지원 조례」에서는 **디지털자산**이란 용어를 사용하고 있다.[13]

(2) 미국

미국은 "2019 Revised Fiduciary Access to Digital Assets

---

[11] 이하 줄여서 '특정금융정보법'이라 한다.

[12] 2020년 특정금융정보법 개정시 처음으로 가상자산에 관한 정의를 규정하였으나, 2023년 가상자산이용자보호법에서 이와 동일한 내용으로 가상자산을 규정하고 나서, 특정금융정보법에서는 가상자산의 정의규정을 삭제하고 가상자산이용자보호법의 정의 규정을 원용하였다.

[13] 부산광역시 조례는 가상자산과 디지털자산 모두 가상자산이용자보호법에서 규정한 가상자산의 내용과 동일하게 규정하고 있다.

Act" 등에서 **디지털자산**이란 용어를 사용하고 있다.

(3) 유럽연합

2023년 6월 29일 발효된 유럽연합(European Union, EU)의 「암호자산시장 규제법」(Markets in Crypto-Assets Regulation, MiCA)은 **암호자산**(Crypto-Assets, CA)이라 부른다. 이를 "분산원장기술(Distributed Ledger Technology, DLT) 또는 이와 유사한 기술을 활용하여 전자적 방식으로 이전 또는 저장되는 가치 또는 권리를 디지털로 표시한 것"으로 정의하고 있다. 따라서 이는 비트코인을 개발한 기술(암호)에 중점을 둔 개념이다.

(4) 일본

일본에서는 「자금결제에 관한 법률」에서 가상통화로 규정하였다가 2019년 5월 개정시 **암호자산**으로 개정하였다(제2조 제5호). 그리고 「금융상품거래법」도 암호자산으로 규정하고 있다.[14]

마. 판례

대법원과 하급심 판례에서 대부분 비트코인과 이더리움을

---

[14] 이는 '가상화폐'가 달러, 유로, 엔 등 법정통화와의 혼란을 초래할 수 있을 뿐만 아니라 '암호자산'으로 부르는 국제적인 흐름을 반영한 것이다; 開米瑞浩, 『暗号資産 初入門』(2022), 24면.

가상화폐라 부르지만,15) 일부 하급심에서는 **가상자산**이라 표기한 사례도 있다.16)

4. 가상자산의 개념

가. 가상자산의 요건

가상자산이용자보호법은 가상자산을 ① **경제적 가치**를 지닌 것으로서 ② **전자적으로 거래** 또는 이전될 수 있는 ③ **전자적 증표**(그에 관한 일체의 권리를 포함한다)라고 정의하고(제2조 제1호 본문), 특정금융정보법은 이를 준용한다(제2조 제3호).

(1) 경제적 가치

가상자산으로 인정받기 위하여는 우선, 경제적 가치가 있어야 한다. 그런데 "경제적 가치"에 관한 법적 규정이 없으므로, 해석에 의하는 수밖에 없다. 경제적 가치는 각 개인의 주관적 가치가 아닌 사회에서 인정하는 객관적 가치이어야 한다.

이에 관하여, 판례는 ① 비트코인은 재산적 가치를 가지는

---

15) 대법원 2018.5.30. 선고 2018도3619 판결.

16) 수원지방법원 2023.1.13. 선고 2021가합19029 판결; 서울중앙지방법원 2024.11.28. 선고 2024나4536 판결.

무형의 재산에 해당하여 몰수의 대상[17]과 배임죄[18]와 사기죄[19]의 객체인 재산상의 이익에도 해당한다.

그러나 민법상 물건에는 해당하지 않는다고 본다.[20] 그리고 재물성을 부정하는 전제하에 절도죄의 성립을 배제한 판례가 있고,[21] 횡령죄의 객체인 재물에도 해당되지 않는다는 판례[22]와 학설[23]이 있으나, 재물의 개념을 확대해석하여 횡령죄의 객체에 해당된다고 보아야 한다.

(2) 전자적으로 거래 또는 이전

가상자산의 두 번째 요건은, 전자적으로 거래 또는 이전될

---

17) 대법원 2018.5.30. 선고 2018도3619 판결.

18) 부산지방법원 2020.5.14. 선고 2019고단4783 판결. 그러나 착오송금을 받은 자가 반환하지 않고 무단사용한 경우, 타인의 사무처리자로서의 지위를 인정할 수 없어 배임죄가 성립하지 않는다고 한다; 대법원 2021.12.16. 선고 2020도9789 판결.

19) 비트코인은 경제적인 가치를 디지털로 표상하여 전자적으로 이전, 저장과 거래가 가능하도록 한 가상자산의 일종으로 사기죄의 객체인 재산상 이익에 해당한다; 대법원 2021.11.11. 선고 2021도9855 판결.

20) 기노성, "디지털 자산(가상자산)의 신탁"(2022), 174면; 서울고등법원 2020.7.2. 선고 2020노171 판결; 서울남부지방법원 2020.9.3. 선고 2019가합112183 판결.

21) 대법원 2002.7.12. 선고 2002도745 판결.

22) 대전지방법원 2002.7.7. 선고 2021노3179 판결.

23) 안현수, 『가상자산법』(2024), 40면; 이정엽외, 『가상자산 판례백선 -형사·행정편-』(2024), 146면.

수 있어야 한다. 가상자산은 실물이 없으므로 현실적으로 양도할 수 있는 방법이 없고, 전자적으로만 거래 또는 이전할 수밖에 없으므로 당연한 요건이다.

  (3) 전자적 증표

 가상자산의 마지막 요건은, 전자적 증표이며 이에 관한 권리를 포함한다. 가상자산은 실물이 없으므로 현실적으로 이를 나타내는 증서가 없으며, 전자적으로 그 내용과 수량 등을 나타낼 수 있다.

 그러나 일단 전자적 증표로 성립한 이후에 이를 현실적으로 나타내는 증서를 작성하는 것은 가능하다.

나. 가상자산의 개념에서 배제하는 자산

 가상자산이용자보호법은 가상자산을 위와 같이 정의하면서, 아래의 자산은 가상자산에서 배제하였다(제2조 제1호 단서, 영 제2조 제1-5호).

  (1) 화폐·재화·용역 등으로 교환될 수 없는 전자적 증표 또는 그 증표에 관한 정보로서 발행인이 사용처와 그 용도를 제한한 것

 법적 자산으로 인정받기 위하여는 경제적 가치를 가져야 하고 그 가치는 화폐·재화·용역 등으로 교환될 수 있어야

한다. 따라서 이러한 교환이 불가능하면 경제적 가치를 측정할 수 없고 가상자산으로 인정되지 아니한다.

(2) 「게임산업진흥에 관한 법률」 제32조 제1항 제7호에 따른 게임물의 이용을 통하여 획득한 유·무형의 결과물

전자오락 게임을 통해 획득한 게임머니와 게임아이템 등은 「게임산업진흥에 관한 법률」상 환전 또는 환전을 알선하거나 재매입하는 것이 금지되므로,24) 가상자산으로 인정받을 수 없다.

(3) 「전자금융거래법」 제2조 제14호에 따른 선불전자지급수단 및 같은 조 제15호에 따른 전자화폐

「전자금융거래법」상 선불전자지급수단은 이전 가능한 금전적 가치가 전자적 방법으로 저장되어 발행된 증표로서 재화 또는 용역을 구입하고 그 대가를 지급하는데 사용되는

---

24) 제32조(불법게임물 등의 유통금지 등) ①누구든지 게임물의 유통질서를 저해하는 다음 각 호의 행위를 하여서는 아니 된다. 다만, 제4호의 경우 「사행행위 등 규제 및 처벌특례법」에 따라 사행행위영업을 하는 자는 제외한다.
1.~6. (생략) 7. 누구든지 게임물의 이용을 통하여 획득한 유·무형의 결과물(점수, 경품, 게임 내에서 사용되는 가상의 화폐로서 대통령령으로 정하는 게임머니 및 대통령령으로 정하는 이와 유사한 것을 말한다)을 환전 또는 환전 알선하거나 재매입을 업으로 하는 행위 8.~11. (생략)

것을 말한다.25) 전자화폐는 이전 가능한 금전적 가치가 전자적으로 저장되어 발행된 증표로서 재화나 용역을 구입하는데 사용된다는 점에서 선불전자지급수단과 같으나, 발행자에 의하여 현금 또는 예금으로 교환이 보장된다는 점에서 다르다.26) 예를 들면, 네이버 페이 머니는 미리 충전된 금액을 사용하여 결제수단으로 사용하며 출금이 가능하므로 선불전자지급수단 및 전자화폐에 해당한다.

선불전자지급수단이나 전자화폐는 경제적 가치를 지닌 것으로서 전자적으로 거래 또는 이전이 가능하지만, 지급수단으로서 별도의 법률인 「전자금융거래법」으로 규제하므로 가상자산법에서 특별히 규제할 필요는 없기 때문이다.27)

---

25) 제2조(정의) 이 법에서 사용하는 용어의 정의는 다음과 같다. 1.~13. (생략) 14. "선불전자지급수단"이라 함은 이전 가능한 금전적 가치가 전자적 방법으로 저장되어 발행된 증표(전자적 방법으로 변환되어 저장된 증표를 포함한다) 또는 그 증표에 관한 정보로서 발행인(대통령령으로 정하는 특수관계인을 포함한다) 외의 제3자로부터 재화 또는 용역을 구입하고 그 대가를 지급하는데 사용되는 것을 말한다. 다만, 전자화폐를 제외한다.

26) 15. "전자화폐"라 함은 이전 가능한 금전적 가치가 전자적 방법으로 저장되어 발행된 증표 또는 그 증표에 관한 정보로서 다음 각 목의 요건을 모두 갖춘 것을 말한다.
가. 대통령령이 정하는 기준 이상의 지역 및 가맹점에서 이용될 것
나. 제14호 가목의 요건을 충족할 것
다. 구입할 수 있는 재화 또는 용역의 범위가 5개 이상으로서 대통령령이 정하는 업종 수 이상일 것
라. 현금 또는 예금과 동일한 가치로 교환되어 발행될 것
마. 발행자에 의하여 현금 또는 예금으로 교환이 보장될 것

27) 안현수, 『가상자산법』(2024), 41~2면.

(4) 「주식·사채 등의 전자등록에 관한 법률」 제2조 제4호에 따른 전자등록주식등

「주식·사채 등의 전자등록에 관한 법률」상 전자주식 등은 한국예탁결제원과 같은 전자등록업자를 통하여 권리를 전자적으로 등록하므로,[28] 분산원장으로 관리하는 가상자산과는 구분할 필요가 있다.

증권토큰은 증권으로서 전자등록주식 형태로 발행되어야 하므로 가상자산에서 제외한다. 따라서 증권에 해당하는 가상자산은 자본시장법의 규제를 받는다.[29]

(5) 「전자어음의 발행 및 유통에 관한 법률」 제2조 제2호에 따른 전자어음

「전자어음의 발행 및 유통에 관한 법률」상 전자어음은 경제적 가치를 지닌 것으로서 전자적으로 거래 또는 이전이 가능하지만,[30] 실물어음을 디지털 환경에 적합한 결제 등의

---

[28] 제25조(주식등의 신규 전자등록)① 발행인은 전자등록의 방법으로 주식등을 새로 발행하려는 경우 또는 이미 주권등이 발행된 주식등을 권리자에게 보유하게 하거나 취득하게 하려는 경우 전자등록기관에 주식등의 신규 전자등록을 신청할 수 있다.

[29] 안현수, 『가상자산법』(2024), 42면.

[30] 제2조(정의)이 법에서 사용하는 용어의 정의는 다음과 같다. 1. "전자문서"란 「전자문서 및 전자거래 기본법」 제2조 제1호에 따라 정보처리시스템에 의하여 전자적 형태로 작성, 송신·수신 또는 저

수단으로 사용하기 위한 것이므로 가상자산으로 인정하지 아니한다.31)

(6) 「상법」제862조에 따른 전자선하증권

「상법」은 2007년 개정시 실무상 필요성이 제기되어 온 전자선하증권제도32)를 도입하였는데, 이는 경제적 가치를 지

장된 정보를 말한다. 2. "전자어음"이란 전자문서로 작성되고 제5조 제1항에 따라 전자어음관리기관에 등록된 약속어음을 말한다.

31) 전자어음의 법적 성질은 유가증권으로 볼 수는 없고 장부증권 또는 전자적 등록증권이라 할 수 있다. 그러나 종래의 유가증권 성격을 완전히 벗어나는 것은 아니므로, 그 성질상 허용하는 범위내에서 유가증권 규정이 적용된다; 정찬형, 『상법강의(하)』(2025), 503~4면.

32) 제862조(전자선하증권) ①운송인은 제852조 또는 제855조의 선하증권을 발행하는 대신에 송하인 또는 용선자의 동의를 받아 법무부장관이 지정하는 등록기관에 등록을 하는 방식으로 전자선하증권을 발행할 수 있다. 이 경우 전자선하증권은 제852조 및 제855조의 선하증권과 동일한 법적 효력을 갖는다. ②전자선하증권에는 제853조 제1항 각 호의 정보가 포함되어야 하며, 운송인이 전자서명을 하여 송신하고 용선자 또는 송하인이 이를 수신하여야 그 효력이 생긴다. ③전자선하증권의 권리자는 배서의 뜻을 기재한 전자문서를 작성한 다음 전자선하증권을 첨부하여 지정된 등록기관을 통하여 상대방에게 송신하는 방식으로 그 권리를 양도할 수 있다. ④제3항에서 정한 방식에 따라 배서의 뜻을 기재한 전자문서를 상대방이 수신하면 제852조 및 제855조의 선하증권을 배서하여 교부한 것과 동일한 효력이 있고, 제2항 및 제3항의 전자문서를 수신한 권리자는 제852조 및 제855조의 선하증권을 교부받은 소지인과 동일한 권리를 취득한다. ⑤전자선하증권의 등록기관의 지정요건, 발행 및 배서의 전자적인 방식, 운송물의 구체적인 수령절차와 그 밖에 필요한 사항은 대통령령으로 정한다.

닌 것으로서 전자적으로 거래 또는 이전이 가능하지만, 실물 선하증권을 디지털 환경에 적합한 결제 등의 수단으로 사용하기 위한 것이므로 가상자산으로 인정하지 아니한다.

(7) 한국은행이 발행하는 전자적 형태의 화폐 및 그와 관련된 서비스

중앙은행이 발행하는 디지털화폐(Central Bank Digital Currency, CBDC)는 중앙은행이 실물로 발행한 화폐를 사용 편의를 위하여 전자적으로 발행한 것이다. 이는 분산원장 기술을 사용하여 전자적으로 거래된다는 점은 가상자산과 유사하지만, 실물 법정화폐이므로 가상자산에는 해당하지 아니한다.

(8) 「전자금융거래법」 제2조 제16호에 따른 전자채권

「전자금융거래법」 상 전자채권[33]은 어음의 위변조, 연쇄

---

33) 제2조(정의) 이 법에서 사용하는 용어의 정의는 다음과 같다. 1.~15. (생략) 16. "전자채권"이라 함은 다음 각 목의 요건을 갖춘 전자문서에 기재된 채권자의 금전채권을 말한다. 가. 채무자가 채권자를 지정할 것 나. 전자채권에 채무의 내용이 기재되어 있을 것 다. 「전자서명법」 제2조 제2호에 따른 전자서명(서명자의 실지명의를 확인할 수 있는 것을 말한다)이 있을 것 라. 금융회사를 거쳐 제29조 제1항의 규정에 따른 전자채권관리기관(이하 "전자채권관리기관"이라 한다)에 등록될 것 마. 채무자가 채권자에게 가목 내지 다목의 요건을 모두 갖춘 전자문서를 「전자문서 및 전자거래 기본법」 제6조 제1항에 따라 송신하고 채권자가 이를같은 법 제6조 제2항의 규정에 따라 수신할 것

부도 등 어음제도의 단점을 보완하기 위하여 구매기업이 판매기업을 채권자로 지정하여 일정한 시기에 지급하겠다고 약속하고 은행을 통해 발행하는 전자적 지급수단을 말한다.

이는 디지털화폐와 같이 사용 편의를 위하여 전자적으로 발행한 것이므로 가상자산에는 해당하지 아니한다.

(9) 발행하는 자가 일정한 금액이나 물품·용역의 수량을 기재하여 발행한 상품권 중 휴대폰 등 모바일기기에 저장되어 사용되는 상품권

모바일 상품권은 백화점, 편의점 등이 발행한 상품권 중 휴대폰 등 모바일기기에 저장하여 사용하는 상품권으로, 앞의 디지털화폐와 전자채권과 같이 사용 편의를 위하여 전자적으로 발행한 것이므로 가상자산에는 해당하지 아니한다.

(10) 다음의 어느 하나에 해당하는 자가 「한국은행법」에 따른 한국은행의 네트워크[34]를 통해 전자적 형태로 취급하는 예금 및 그에 준하는 전자적 증표

㉮ 「은행법」에 따른 은행
㉯ 「농업협동조합법」에 따른 농협은행
㉰ 「수산업협동조합법」에 따른 수협은행

---

[34] 한국은행이 발행하는 전자적 형태의 화폐를 발행·관리하는 네트워크를 말한다.

㉣ 「중소기업은행법」에 따른 중소기업은행
㉤ 「한국산업은행법」에 따른 한국산업은행

　예금토큰은 한국은행의 CBDC 네트워크에서 은행이 전자적으로 발행하는 토큰화된 예금을 말하며, 이는 실질이 예금이므로 「예금자보호법」 등 관련 법률의 규제를 받으므로 가상자산으로 인정하지 아니한다.

　　(11) 수집을 주된 목적으로 하는 전자적 증표, 거래 당사자 간의 거래 확인만을 목적으로 하는 전자적 증표 등 단일하게 존재하여 다른 전자적 증표로 대체할 수 없는 전자적 증표[35]

　"다른 전자적 증표로 대체할 수 없는 전자적 증표"는 블록체인 기술을 이용해서 디지털 자산의 소유주를 증명하는 가상의 토큰으로 일반적으로 "대체불가 토큰"(Non-fungible Token, NFT)이라 부른다. 이는 원칙적으로 가상자산에 해당되지 아니하지만, 특정 재화나 서비스의 지급수단으로 사용되는 경우 가상자산에 해당될 수 있다.

　　(12) 그 밖에 이용자의 권익을 해칠 우려가 없는 것으로서 금융위원회가 정하여 고시하는 것

---

[35] 다만, 특정 재화나 서비스의 지급수단으로 사용될 수 있는 전자적 증표 등 금융위원회가 정하여 고시하는 전자적 증표는 제외한다.

5. 가상자산의 종류

가. 스위스의 ICO 기준 분류

가상자산을 분류하는 통일된 기준은 없으며, 스위스의 금융시장감독기구(Swiss Financial Market Supervisory Authority, FINMA)는 2018년 **토큰의 기능적 속성**을 기준으로 "투자자에 대한 토큰 제공 가이드 라인"(Initial Coin Offering, ICO)을 제시하였다.[36]

(1) 결제형 토큰(payment token)

이는 재화나 서비스에 대한 지급을 목적으로 하는 토큰이다. 교환의 매개기능을 가진 비트코인이 대표적이다. 이는 증권에 해당하지 않아 증권으로서의 규제는 받지 않지만, 자금세탁방지의 규제는 받는다.

(2) 사용형 토큰(utility token)

이는 프로그램이나 서비스의 이용을 목적으로 하는 토큰이다. 이더리움이 대표적이다. 이것도 결제형 토큰과 같이 증권에 해당하지 않아 증권으로서의 규제는 받지 않지만, 자금

---

36) 임재연, 『자본시장법』(2025), 1536~7면.

세탁방지의 규제는 받는다.

(3) 자산형 토큰(asset token)

이는 지분권, 배당청구권 등 각종 권리를 가지는 토큰으로 토큰증권(security token)[37]으로도 불린다. 이는 실질이 증권에 해당하므로 증권으로서의 규제를 받는다.

(4) 혼합형 토큰(hybrid token)

이는 여러 가지 기능을 혼합하여 사용하는 토큰으로, 그 기능의 내용에 따라 법적 규제도 달라지게 된다.

나. 가상코인의 종류

(1) 비트코인(bitcoin, BTC)[38]

2008년 10월 사토시 나카모토(中本哲史, Satoshi Nakamoto)라는 가명을 쓰는 프로그래머가 개발하여, 2009년 1월 프로그램

---

[37] 토큰증권은 분산원장 기술을 활용해 자본시장법상 증권을 디지털화한 것이며, 토큰증권을 제공하는 것을 STO(Security Token Offering)라 한다; 이종성·고종문, 『STO 토큰증권 발행』(2023), 10면.

[38] '비트코인'은 디지털 정보량 기본단위인 비트(bit)와 동전을 의미하는 코인(coin)의 합성어이다; 박정환·좌봉두, 『블록체인 이해와 암호화폐』(2018), 191면.

소스를 배포하였으며, 비트코인의 화폐 단위는 BTC로 표시한다.39)

중앙은행이 없이 세계적 범위에서 P2P 방식으로 개인들 간에 자유롭게 송금 등의 금융 거래를 할 수 있게 설계되어 있다. 또 중앙은행을 거치지 않아 수수료 부담이 적다. 거래 장부는 블록체인 기술을 바탕으로 세계적인 범위에서 여러 사용자들의 서버에 분산하여 저장하기 때문에 해킹이 불가능하다. SHA-256 기반의 암호 해시 함수를 사용한다.

2009년 비트코인의 소스 코드가 공개되었고, 이더리움, 이더리움 클래식, 리플, 라이트코인, 에이코인, 대시, 모네로, 제트캐시, 퀀텀 등 다양한 알트코인들이 생겨났다. 알트코인은 비트코인 이후에 등장한 암호화폐를 의미하며, 비트코인은 여러 알트코인들 사이에서 일종의 기축 통화 역할을 하고 있다.40)

2021년 9월 엘살바도르는 세계 최초로 비트코인을 법정 통화로 지정하였다. 그 후 2022년 비트코인 가격 하락으로 60%의 손해를 보기도 했으나 도널드 트럼프 재선 후 비트코인 가격이 10만 달러를 돌파할 정도로 급등하면서 90% 이상의 수익을 본 것으로 추정된다. 엘살바도르가 보유하고 있는 비트코인은 약 6000개로 알려져 있다.

---

39) 2009년 첫해 21만개를 채굴하였으며, 매 4년마다 채굴량이 반(1/2)으로 줄어들어 2140년이 되면 총 2,100만 개로 끝난다.

40) https://ko.wikipedia.org/wiki/

그런데 최근 국제통화기금(IMF)의 지원을 받기 위해 비트코인 결제 의무화 규정을 폐지했다. 2025년 1월 31일 로이터 등에 따르면 엘살바도르 의회는 이날 찬성 55표, 반대 2표로 도소매 업종 종사자들이 비트코인을 지불수단으로 의무적으로 채택하도록 한 법률 조항을 삭제했다. 다만 비트코인의 법정 통화 지위는 유지하기로 했다.

이는 엘살바도르가 IMF로부터 자금을 지원받기 위한 것이다. 지난해 12월 엘살바도르 정부는 IMF로부터 14억 달러 규모 자금을 40개월에 걸쳐 확대신용공여(EFF) 방식으로 제공받기로 했다. 당시 IMF는 암호화폐의 불안정성을 언급하며 엘살바도르 정부에 공공 부문의 비트코인 관련 경제활동 제한, 민간 부문의 자발적 비트코인 결제, 미 달러(법정통화)로만 세금 납부, 암호화폐 전자지갑(Chivo·치보) 점진적 사용 축소 등을 요구했다.[41]

(2) 이더리움(Ethereum)[42]

2015년 7월 30일 **비탈리크 부테린**(Vitalik Buterin)이 블록체인 기술을 기반으로 스마트 계약 기능을 구현하기 위하여 개

---

41) 유재인, "엘살바도르, IMF 지원 위해 '법정 화폐' 비트코인 결제 의무화 폐지", 조선일보, 입력 2025.02.01. 10:05 업데이트 2025.02.03. 10:45

42) 정확한 발음은 미국식으로는 이씨리엄이고, 영국식으로는 이씨어리엄으로, 초기에는 '이시리움' 또는 '에테리움'이라고 표기하기도 하였으나, 요즘에는 '이더리움'으로 표기하는 경우가 많다.

발한 분산 컴퓨팅 플랫폼이자 플랫폼의 자체 통화명이다.

비탈리크 부테린은 가상화폐인 비트코인에 사용된 핵심 기술인 블록체인에 화폐 거래 기록뿐 아니라 계약서 등의 추가 정보를 기록할 수 있다는 점에 착안하여, 전 세계 수많은 사용자들이 보유하고 있는 컴퓨팅 자원을 활용해 이더리움 가상 머신(EVM)을 만들고, 이 플랫폼을 이용하여 SNS, 이메일, 전자투표 등 다양한 정보를 기록하는 시스템을 창안했다. 이더리움은 C++, 자바, 파이썬, GO 등 주요 프로그래밍 언어를 지원한다. 이더리움이 제공하는 이더(Ether)는 비트코인과 마찬가지로 암호화폐의 일종으로 거래되고 있다. 이더리움의 화폐 단위는 ETH로 표시한다. 비트코인 이후에 등장한 알트코인 중 시가 총액이 가장 높은 대표적인 알트코인이다.

이더리움을 사물 인터넷(IoT)에 적용하면 기계 간 금융 거래도 가능해진다. 예를 들어, 고장난 청소로봇이 정비로봇에 돈을 내고 정비를 받고, 청소로봇은 돈을 벌기 위해 정비로봇의 집을 청소하는 것도 가능해진다.[43]

(3) 리플(ripple)

전 세계 여러 은행들이 실시간으로 자금을 송금하기 위해 사용하는 프로토콜 겸 암호화폐이다. 2004년 **라이언 푸거**(Ryan Fugger)가 리플페이(RipplePay)라는 이름으로 전 세계 은행 간 실시간 자금 송금을 위한 서비스로 처음 개발했다. 리플

---

43) https://ko.wikipedia.org/wiki/

페이는 국제 송금용 서비스로 개발되었으며, 블록체인 기반의 암호화폐와 아무런 상관이 없었다.

2012년 푸거(Fugger)가 물러나고, 크리스 라슨(Chris Larsen)과 제드 맥케일럽(Jed McCaleb)이 주도하여 오픈코인(OpenCoin)이라는 회사가 설립되었으며, 비트코인의 영향을 받아 블록체인 기반의 암호화폐 개념을 도입했다. 리플 트랜잭션 프로토콜인 RTXP를 개발했다. 기존의 은행간 송금은 오랜 시간이 걸리고 수수료가 비쌌으나, 리플 프로토콜을 이용하면 실시간으로 송금이 가능하며 수수료가 거의 없는 장점이 있었다. 이를 위해 비트코인과 유사한 암호화폐인 리플(XRP, ripple)을 발행했다. 오픈코인 회사는 미국 최대의 벤처 투자사인 앤드리슨 호로위츠(Andreessen Horowitz)와 구글 벤처(Google Venture) 등으로부터 투자를 유치했다. 2013년 9월 26일 회사명을 오픈코인에서 리플랩스(Ripple Labs Inc.)로 변경했다. CEO는 크리스 라슨이 맡았다. 2013년부터 Bank of America, HSBC 등 전 세계 수십 개 은행들이 은행간 결제에 리플을 사용하기 시작했다. 2016년 일본 최대 은행인 MUFG를 비롯한 약 80% 이상의 일본 은행들이 리플 사용에 합류했다.

리플코인은 XRP이다. 2013년 크리스 라슨(Chris Larsen)과 제드 맥케일럽(Jed McCaleb)이 C++ 언어로 공동 개발했다. 타원곡선 디지털서명 알고리즘(ECDSA)을 사용하며, 채굴이 없이 합의에 의해 운영된다. 프라이빗 블록체인으로서 누구나 원장을 획득하고 트랜잭션을 발생시킬 수 있으나, 실제 원장에 기록하여 반영하는 검증 노드들에 의해 동작하기 때문에, 제

한된(Permissioned) 구조로 암호화폐를 발행한 사례에 해당한다.44)

(4) 라이트코인(Litecoin)

P2P 암호화폐의 하나로서 MIT/X11 라이선스로 배포된 오픈 소스 소프트웨어 프로젝트이다. 비트코인과 유사한 방식으로 운영되는 암호화폐이며, 메사추세츠 공과대학(MIT)을 졸업한 구글과 코인베이스에 근무하였던 **찰리 리**(Charlie Lee)가 2011년 10월 7일 깃허브의 오픈 소스 클라이언트를 통해 출시하였다.

비트코인이 최대 채굴량이 약 2,100만 개인 것에 비해 라이트코인은 약 8,400만 개로 4배가 많다. 그리고 라이트코인은 간편한 채굴이 가장 큰 장점인데, PC용 GPU로도 채굴이 가능하다. 거래 속도도 평균적으로 라이트코인이 2분 30초로, 10분 정도 걸리는 비트코인보다 4배가 빠른 것으로 알려져 있다. 블록크기는 비트코인의 1MB에서 4MB로 확장하였다. 라이트코인 네트워크에서 SegWit45)이 활성화된 이후 거래 속도가 크게 빨라졌다. 거래는 일반적으로 6 블록 또는 15분

---

44) https://ko.wikipedia.org/wiki/

45) 이는 "분리된 증인(Segregated Witness)"으로 불리는데, 비트코인의 거래 형식에서 거래 속도를 저하시키는 블록체인 크기 제한 문제를 완화하기 위한 것으로, 거래를 두 개의 세그먼트로 분할하고 원래 부분에서 잠금 해제 서명(증인 데이터)을 제거하여 마지막에 별도의 구조로 추가하는 방식으로 이루어진다; https://en.wikipedia.org/wiki/SegWit

후에 완료 된 것으로 간주된다.

라이트코인 네트워크는 2011년 10월 13일 동작을 시작했다. 비트코인 코어 클라이언트의 포크이며, 블록 생성 시간을 단축하고 최대 코인 수를 증가시켰으며, 다른 해시 알고리즘을 채용하였고(SHA-256이 아닌 scrypt), 약간의 수정 과정을 거친 GUI를 사용한다.

2013년 11월 동안 라이트코인의 총 가치는 24시간 내에 100% 급증하는 등 상당한 성장을 경험했다. 2017년 5월, SegWit 지원은 라이트코인 소프트웨어에서 활성화되었다. 2017년 9월, 최초의 원자 거래가 이루어졌다. 라이트코인과 Decred, 라이트코인과 버트코인, 라이트코인과 비트코인 간 거래가 4일 만에 이뤄졌다.[46]

다. 스테이블코인(stablecoin)의 종류

(1) 스테이블코인의 개념

스테이블코인은 가상자산의 일종으로, 법정화폐나 원자재와 같은 준비자산에 가격을 고정하여 안정적인 가치를 유지하도록 설계되었다.[47] 비트코인과 같은 변동성이 큰 암호화

---

46) https://ko.wikipedia.org/wiki/

47) 최초의 스테이블코인은 2014년 가상자산인 비트셰어토큰(BTS)을 담보로 발행한 비트USD(BitUSD)이다; 박예신, 『스테이블코인 디지털 금융의 미래』(2023), 53면.

폐와 달리 스테이블코인은 가격 안정성을 제공하므로 금융 거래, 송금, 리스크 관리에 중요한 도구가 될 수 있다.

(2) 스테이블코인의 유형

(가) 법정화폐 기반 스테이블코인

법정화폐 기반 스테이블코인은 미국 달러(USD) 또는 유로(EUR)와 같은 기존 통화에 고정되어 있으며, 은행이나 기타 금융 기관에서 보유한 동등한 준비금에 의해 뒷받침됩니다. 예를 들면 USDT(테더, Tether) 및 USDC(USD 코인) 등이 있다. 이들은 신뢰할 수 있는 교환 매체를 제공하지만 투명성과 지급 능력을 유지하기 위해 중앙 집중식 기관에 의존합니다.

(나) 가상자산 스테이블 코인

가상자산 스테이블코인은 다른 암호화폐를 담보로 하며, 시장 변동성을 흡수하기 위해 과도한 담보를 요구하는 경우가 많다. 인스턴스 경우, DAI는 스마트 컨트랙트 및 거버넌스(governance) 메커니즘을 통해 유지되는 가상자산 스테이블코인이다. 이는 법정자산 기반 스테이블코인보다 탈중앙화되어 있지만, 기초자산의 시장 변동에 노출되어 있다.

(다) 알고리즘 스테이블 코인

앞의 두 범주와 달리 알고리즘 스테이블코인은 직접적인 담보가 아닌 자동화된 공급과 수요 메커니즘을 통해 페그(peg)를 유지한다. 이러한 시스템은 시장 상황에 따라 스테이블코인 공급을 확대하거나 축소하기 위해 스마트 콘트랙트에 의존한다. 그러나 테라USD(UST)의 붕괴에서 볼 수 있듯이, 알고리즘 스테이블코인은 불안정성과 시장 주도적 실패에 매우 취약할 수 있다.

스테이블코인은 원활한 가상자산 거래를 촉진하고 변동성 위험을 줄이며 기존 금융과 탈중앙화 생태계를 연결하는 가교 역할을 한다. 그러나 서로 다른 안정화 메커니즘에 의존하기 때문에 효과적으로 관리해야 하는 고유한 리스크가 존재한다.[48]

라. 중앙은행 디지털 화폐(CBDC)

중앙은행 디지털 화폐(central bank digital currency, CBDC)는 상업은행이 아닌 중앙은행이 발행한 디지털 통화이다. 이는 또한 중앙은행의 부채이며 실제 지폐나 동전의 경우와 마찬가지로 주권 통화로 표시된다.

CBDC에 가장 일반적으로 속하는 두 가지 일반 모델은 소

---

48) https://www.trmlabs.com/ko/glossary/stablecoins#--19

매와 도매이다. **소매 CBDC**는 가계와 기업이 일상적인 거래에 대한 결제를 할 수 있도록 설계되었으며, **도매 CBDC**는 금융기관을 위해 설계되었으며 중앙은행 준비금과 유사하게 운영된다. 시간이 지남에 따라 다른 CBDC 모델도 등장했다. 가장 주목할만한 것은 연방준비은행이 2022년에 **중개 CBDC**를 제안한 것이다. 이 모델에서 중앙은행은 일종의 소매 CBDC를 발행하지만 금융 중개기관은 고객 서비스를 제공한다.

CBDC의 현재 개념은 국가가 CBDC를 발행한다는 점에서 가상화폐 및 암호화폐와 다르다. 대부분의 CBDC 구현에서는 블록체인과 같은 어떤 종류의 분산원장도 사용하지 않거나 필요하지 않을 것이다.

2023년에는 ECB, 영국, 미국과 같은 주요 경제국을 포함한 120개가 넘는 관할권에서 국가 디지털 통화를 평가했다. 현재 동카리브 통화 연합을 구성하는 9개 국가와 8개 섬이 CBDC를 출시했다. 38개 국가와 홍콩에는 CBDC 파일럿 프로그램이 있다. 67개 국가와 2개 통화 연합이 CBDC를 연구하고 있다. 미국의 일부 주에서는 CBDC를 사용한 주정부 결제를 금지하는 법안을 도입했으며 플로리다는 개인 정보 보호 문제를 이유로 이러한 법률을 통과시킨 최초의 주이다.

CBDC는 "중앙에서 관리되고 중앙에서 통제되는 CBDC는 강압과 통제를 위한 도구"이며 "정부가 시민을 감시하도록 허용"한다는 비판에 직면해 있다. CBDC에 대한 일부 비평가들은 비트코인이 중앙은행에 의존하지 않기 때문에 "모든 사람에게 개방된 글로벌하고 불변하며 접근 가능한 디지털

현금"이자 "분산형, 개방형, 무허가형"인 더 나은 통화 대안이라고 말한다.49)

한국은행은 경제의 디지털 전환 가속화, 현금 이용 감소 등에 선제적으로 대응하기 위해 2020년 이후 디지털화폐에 대한 연구·개발을 본격 진행해 왔으며, 디지털화폐의 도입 여부 및 시기에 대해서 아직 결정하지 않았지만, 미래에 디지털화폐가 필요한 경우에 대비하여 철저히 준비해 나갈 계획50)이라고 한다.

마. 대체 불가능한 토큰(non-fungible token, NFT)

블록체인에 저장된 데이터 단위로, 고유하면서 상호 교환할 수 없는 토큰을 뜻한다. 대체 가능한(fungible) 토큰들은 각기 동일한 가치를 지녀 서로 교환이 가능하다. 이에 해당하는 것이 명목화폐, 암호화폐, 귀금속, 채권등이 있다.51)

반면 대체불가능(non-fungible) 토큰은 각기 고유성을 지닌다. NFT는 영구적으로 블록체인에 남으므로써 고유성을 보장받을 수 있다. 아무나 복제가능한 '디지털 파일'에 대해서도 고유성을 발행할 수 있다는 점에서 주목을 받았다.

---

49) https://ko.wikipedia.org/wiki/

50) ttps://www.bok.or.kr/portal/submain/submain/cbdc.do?menuNo=201136

51) NFT는 뉴욕대학교에서 예술을 가르치던 디지털 아티스트인 Kevin Mccoy가 2014년 최초의 NFT인 퀀텀(Quantum)을 만들었다; 유상희, 『하루만에 끝내는 NFT 공부』(2022), 46~47면.

NFT는 사진, 비디오, 오디오 및 기타 유형의 디지털 파일을 나타내는 데 사용할 수 있다. 가상의 진품 증명서 역할을 하므로 대체 불가능하고 사본은 인정되지 않는다. 이러한 디지털 항목의 사본은 누구나 얻을 수 있지만 NFT는 블록체인에서 추적되어 소유자에게 저작권과 소유권 증명을 해야 한다.

2021년에는 NFT 사용이 높아졌다. Ethereum, flow 등의 가상화폐는 자체 표준을 가지고 있다. NFT는 인기있는 디지털 예술품이나, 디지탈 자산을 상업화 하는데 사용한다. 대부분의 NFT는 이더리움 블록 체인의 일부이다. 그러나 다른 블록 체인은 자체 버전의 NFT를 구현할 수 있다. NFT 시장 가치는 2020년에 3배로 증가하여 2억 5천만 달러 이상에 도달했다.[52]

6. 가상자산의 거래 구조

가. 가상자산의 직접 보유

가상자산을 직접 보유하려면, ① 블록체인에서 본인의 계정을 개설하고, ② 주소(address)와 비밀번호(private key)를 받아야 한다. 비밀번호는 별도로 설정하는 것은 아니고 주소 생성시 자동적으로 생성된다.

---

52) https://ko.wikipedia.org/wiki/

주소를 가지는 자가 소유자로 확정되는 것은 아니며, 비밀번호를 가지는 자가 블록체인의 가상자산에 대한 통제권을 갖는다. 운용하는 방법은 주소와 비밀번호를 지갑(wallet)에 넣어두고 관리할 수 있는데, 인터넷에 접속하여 이용할 수 있는 **"뜨거운 지갑"**(hot wallet)과 인터넷에 연결하지 않고 USB와 같은 저장매체를 이용하는 **"차가운 지갑"**(cold wallet)이 있다.

나. 가상자산의 간접 보유

가상자산을 간접 보유는 블록체인과 상관없이 **가상자산사업자에게 본인의 계정을 개설하고**, 가상자산을 보유한다. 가상자산사업자는 가상자산이용자보호법에 의하여 가상자산의 전부 또는 일부를 블록체인계정에 보관할 수 있다.

그리고 이용자는 가상자산사업자에 대하여 가상자산에 대한 반환청구권을 가진다.[53]

7. 탈중앙화금융(DeFi) 현상

가상자산에 따른 금융은 자연히 탈중앙화 현상[54]을 초래

---

53) 임재연, 『자본시장법』(2025), 1538~9면.
54) 탈중앙화(Decentralization)는 중앙기관이 없는 상태에서 의사 활동을 결정하는 체제이며, 주로 금융업계에서 자주 쓰이는 용어이다.

한다.55) 그 특징은 ① 거래정보 연결기술에 기반해서 공개된 자동계약이행체계를 이용해서 거래가 이루어지므로, 거래에 참가하는데 허가가 필요하지 않으므로 누구나 자유롭게 참여할 수 있다. ② 거래당사자 사이의 계약은 부호(code)로 이행되고 거래는 안정하고 증명될 수 있는 방식으로 행해진다. ③ 보관기관, 중앙청산기관, 예치기관 등이 필요없으므로 거래비용이 절감된다. ④ 보안이 뛰어나고 조작 등에 의하여 발생하는 위험을 최소화할 수 있다.56)

8. 가상자산에 대한 금융정책

금융위원회는 2017년 12월 가상화폐 관련 긴급대책의 일환으로 금융기관의 가상화폐 보유·매입·담보취득·지분투자를 금지하는 행정지도를 내렸다.57)

이를 처음으로 언급한 사람은 비트코인의 창시자 사토시 나카모토로 2008년에 발행한 비트코인 백서에서 비트코인 네트워크의 핵심기능 중 하나로 이러한 현상을 언급했는데, 정확히 말하면 '탈중앙화'라는 단어를 직접적으로 언급한 것은 아니고 그 개념을 풀어서 설명했다; https://namu.wiki/

55) 비트코인 같은 주요 가상화폐의 개발은 기존의 통화제도와 자금결제제도를 벗어나 언제 어디서나 누구에게나 저비용으로 신속하게 지급할 수 있는 수단을 만들고자 한 것이었다; 박 준·한 민,『금융거래와 법』(2024), 1155면.

56) 고동원,『탈중앙화금융(DeFi)의 현황과 법제 정비 방안』(2022), 5~6면.

또 2024년 1월 11일 및 14일 비트코인 현물 ETF[58]를 발행[59]하거나 해외 상장된 비트코인 현물 ETF를 중개[60]하는

---

57) 정부가 금융기관의 가상통화 보유는 물론 매입·지분투자까지 전면 금지하기로 했다. 또 미성년자에 대한 가상통화 계좌 개설도 금지했다. 정부는 13일 서울정부청사에서 홍남기 국무조정실장 주재로 가상화폐 관련 긴급 차관회의를 열고 이날 2시경 이같은 내용의 가상통화 투기과열 관련 긴급 대책을 공개했다. 가상화폐 투기가 과열되는 조짐을 보이는 가운데 정부가 관련 대책 마련에 나선 것으로 풀이된다. 정부는 가상통화 범죄 단속·처벌을 강화하고 이른바 '환치기'에 대한 실태조사에 나설 것이라고 선언했다. 환치기란 국내외 시세차와 환전 수수료를 노린 불법 외환거래를 말한다. 이어 금융기관의 가상통화 보유·매입·지분투자를 전면 금지하기로 했다. 앞서 은행권은 정부 규제 발표를 의식해 가상화폐 거래소와의 '선긋기'에 나선 바 있다. 우리은행과 산업은행, 신한은행은 가상화폐 거래소에 제공해온 '가상계좌'를 폐쇄하기로 했다. 농협은행과 기업은행도 일부 거래소에 계좌를 발급하고 있지만 정부 규제안이 발표되면서 폐쇄대열에 합류할 것으로 보인다. 또 미성년자들에게 가상통화 계좌 개설을 금지하는 등 강도높은 원천적 거래금지 규제를 내놨다. 이는 '비트코인 플래티넘'의 개발자를 자처해 허위글을 올린 뒤 시세차익 약 300만원을 챙긴 고등학생 A군(18)사건의 영향을 일부 받은 것으로 풀이된다. 또 관련 TF를 구성해 가상통화 과세여부를 검토한다고 덧붙였다. 가상통화 거래소에 대한 규제책 마련에도 착수할 예정이다. 정부는 조속한 시일 내에 입법조치를 거쳐 투자자 보호, 거래 투명성 확보조치 등의 요건을 갖추지 않고서는 가상통화 거래를 할 수 없도록 한다는 방침이다.고객자산의 별도 예치, 설명의무 이행, 이용자 실명확인, 암호키 분산보관, 가상통화 매도매수 호가·주문량 공개 등의 의무화도 검토하기로 했다; 매일경제, 디지털뉴스국 김진솔 기자, 2017-12-13 15:19:21

58) 2024년 1월 10일, 미국 증권위원회(SEC)는 비트코인에 대한 현물 상장지수펀드(ETF)의 상장 및 거래를 승인하였다.

59) 금융위원회가 비트코인 현물 상장지수펀드(ETF)를 막은 이유에 대해 "자본시장법이 규정한 가상자산 기초자산 포함돼 있지 않다는 점과 금융회사의 가상자산 소유 금지 원칙"이 이유라고 밝혔다. 김

것은 가상자산에 대한 기존 정부입장 및 자본시장법에 위배될 소지가 있다는 이유로 그 승인을 거부하였다.

소영 금융위 부위원장은 1월 16일 민생토론회 사전브리핑에서 "비트코인 현물 ETF 중개는 자본시장법과 기존 정부 입장에 위배될 소지가 있다"고 말했다. 금융위는 세 차례 보도자료, 참고자료를 통해 '자본시장법 위반' '현행 정부입장 유지'라는 현물 ETF 금지 이유를 들었는데 김 부위원장은 이날 그 이유를 구체적으로 풀어 설명했다. 김 부위원장은 "자본시장법에 열거한 ETF 기초자산에 가상자산은 금융상품으로 정의하고 있지 않아서 포함돼 있지 않다"고 설명했다. 자본시장법은 제3조(금융투자상품)에서 "금융투자상품은 증권, 파생상품(장내파생상품, 장외파생상품)"이라고 정의한다. 이 목록에 가상자산은 포함돼 있지 않아 비트코인 현물 ETF를 중개하는 게 자본시장법 위반 소지가 있다는 뜻이다. 그는 이어 "현재 정부는 금융회사가 가상자산을 소유하지 못하게 하고 있는데, ETF를 중개하면 (가상자산을) 소유하게 되는 거라서 기존 정부 입장과 위배될 소지가 있다는 것"이라고 설명했다. 정부는 이미 2017년 12월 13일 "금융기관의 가상자산 보유, 매입, 담보취득, 지분투자를 금지한다"고 밝혔고 이는 바뀌지 않았다. 김 부위원장은 "가상자산은 변동성이 커서 금융회사가 보유하게 되면 안정성에도 문제가 생길 수 있다"고 말했다. 그는 "(현물 ETF는) 앞으로 상황을 보며 면밀히 검토하겠다는 게 금융위의 입장"이라고 덧붙였다; 디지털애셋, 박범수, 2025.11.15.

60) (서울=연합인포맥스) 정필중 기자 = 금융당국이 자본시장법 위반 소지가 있다며 증권사에 미국 비트코인 현물 상장지수펀드(ETF) 매수 금지를 지시했다. 11일 금융투자업계에 따르면 금융위원회 등 금융당국은 주요 증권사 대상으로 국내 투자자들의 미국 비트코인 현물 ETF 거래를 금지하라고 전했다. 현행 자본시장법상 명시된 상품들만 매매할 수 있는데 비트코인 등 가상화폐는 이에 해당하지 않아 법령 위반 소지가 있다는 이유에서다. 간밤 미국 증권거래위원회(SEC)는 성명을 통해 현물 비트코인 상장지수상품(ETP) 다수의 상장과 거래를 승인했다고 밝힌 바 있다. 이에 일부 증권사들은 공지를 통해 비트코인 현물 ETF 거래를 실시한다는 공지를 올렸다 다시 철회했다. 증권업계 관계자는 "금융당국으로부터 매매 통지를 받아 조치를 취했다"고 말했다; 연합인포맥스, 정필중 기자, 입력 2024.01.11 19:07 수정 2024.01.12. 10:52.

이러한 금융위원회의 입장은 ① 국민의 경제활동에 대한 현실과 시대적 흐름에 역행하는 것이고, ② 동일한 사안에 대하여 미국 정부와 다르게 취급한 오류가 있다. 따라서 비트코인 현물 ETF의 발행도 허용하여야 하고, 해외 비트코인 현물 ETF 등의 중개 및 유통은 조속히 허용하는 것이 바람직하다.[61]

　그리고 2021년 4월 가상자산을 금융상품으로서의 성격을 부인하였지만, ① 가상자산 펀드를 운용하기 위하여는 우선 가상자산에 대한 신탁업을 영위할 수 있는 환경을 조성하고, ② 가상자산의 위험성 및 투자자 보호를 고려하여 사모펀드부터 먼저 시작하는 것을 전제로, ③ 가상자산의 평가, 보험 등의 가입, 가상자산의 사후적 재분류에 따른 혼란 방지 등의 조치가 필요하다.[62]

---

[61] 정다훈, "금융위원회의 가상화폐 현물 ETF 승인 거부의 법적 검토(2024), 153면.

[62] 원대성, "국내 가상자산 펀드 도입을 위한 자본시장법상 주요 과제"(2023), 38~47면.

제2절 가상자산법의 개념

1. 가상자산법의 개념

가. 최협의의 가상자산법

가상자산법을 가장 좁게 보면, **가상자산이용자보호법**만을 의미한다. 입법적으로 보면, 특정금융정보법이 먼저 제정되었지만, 가상자산이용자보호법에서 "가상자산 및 가상자산사업자에 관하여 다른 법률에서 특별히 정한 경우를 제외하고는 이 법에서 정하는 바에 따라야 한다"고 규정하여(제4조), 이 법이 가상자산법의 **일반법**으로서의 성격을 가진다.

따라서 이 법이 가상자산법의 대표적인 법률이며, 가상자산법에 해당하는 법률을 하나만 든다면 당연히 이 법이다.

나. 협의의 가상자산법

가상자산법의 개념을 조금 더 확대하면, **가상자산이용자보**

호법과 **특정금융정보법**을 의미한다. 따라서 가상자산법은 ① 우선 가상자산이용자를 보호하고 ② 자금세탁 등 불법거래를 예방하기 위하여 특정금융거래정보를 관리하는 법이라 할 수 있다.

다. 광의의 가상자산법

가상자산법을 가장 넓게 보면, **가상자산이용자보호법**과 **특정금융정보법**, 그리고 입법 예정인 **토큰증권법**, 나아가 향후 가상자산에 관하여 제정할 법률까지 모두 포함한다. 이상을 정리하여 보면, 아래 〈표 2〉와 같다.

〈표 2〉 가상자산법의 범위

종 류	최협의 개념	협의의 개념	광의의 개념
가상자산이용자보호법 (A)	(A)	(A+B)	(A+B+C)
특정금융정보법 (B)			
토큰증권법(입법 예정) (C)			

2. 특정금융정보법의 제정(2001. 11. 28)

가. 특정금융정보법 제정의 필요성

자금세탁행위는 금융거래를 이용할 가능성이 높다. 왜냐하면 범죄행위로부터 얻은 불법자산을 합법적인 자산인 것처럼 위장하기 위하여는, 일반적으로 ① 범죄행위로부터 취득한 불법자산을 수사기관에 적발되지 않도록 **예치**(Placement)한 후 ② 복잡한 금융거래과정을 거쳐 **추적을 불가능하게**(Layering)한 다음, ③ 정상적인 금융활동이나 사업활동을 통하여 **합법자산과 통합**(Integration)하는 과정을 거치기 때문이다.[63]

특히, 2001년 1월 1일부터 시행되는 제2단계 **외환자유화조치**가 시행됨에 따라 불법자금의 국내외 유출입도 증가할 것으로 예상됨에 따라 이에 효율적으로 대비하는 한편, 금융거래를 이용한 자금세탁행위를 규제하는 데 필요한 특정금융거래정보의 보고 및 이용 등에 관한 사항을 규정함으로써 반사회적인 범죄행위를 사전에 예방하고 나아가 건전하고 투명한 금융거래질서를 확립할 필요성이 제기되었다.

나. 특정금융정보법의 제정

이 법은 **2001년 11월 28일 제정**(법률 제6516호)하여 2001년 9

---

[63] 장일석, 『자금세탁방지제도의 이해』(2021), 14~15면.

월 27일 시행하였다.

이 법은 금융거래 등을 이용한 자금세탁행위와 공중협박자금조달행위를 규제하는 데 필요한 특정금융거래정보의 보고 및 이용 등에 관한 사항을 규정함으로써 ① **범죄행위를 예방**하고 ② 나아가 **건전하고 투명한 금융거래 질서**를 확립하는 데 이바지함을 목적으로 한다(제1조).

다. 특정금융정보법의 개정

이 법은 **2020년 3월 24일 개정**시(2021년 3월 25일 시행) **가상자산이라 용어를 처음 사용**하고, 가상자산사업자가 준수해야 할 자금세탁방지 의무와 금융회사가 가상자산사업자와 거래시 준수하여야 할 의무 등을 규정하였다.

그 배경을 보면, 가상자산 거래는 익명성이 높아 자금세탁 및 공중협박자금조달의 위험성이 높음에도 불구하고, 특정금융정보법은 그동안 그 위험성을 예방하기 위한 규정을 마련하지 못하였다.[64]

이러한 가운데 주요 **20개국(G20) 정상회의**와 **자금세탁방지기구**(Financial Action Task Force, FATF)[65] 등 국제기구에서는 자금세

---

64) 가상자산은 익명성을 갖고 있어서 테러단체의 자금 모금수단으로 적극적으로 악용되는 사례가 발생하고 있다; 장일석, 『자금세탁방지제도의 이해』(2021), 58~59면.

65) 1989년 설립되었으며, 우리나라는 2009년 10월 정회원으로 가입 후 정기총회에 참석하고 상호평가 등을 받고 있다.

탁방지 및 공중협박자금조달금지를 위한 국제기준을 제정하고, 회원국들에게 이를 이행할 것을 요구하였다.66)

FAFT는 2019년 6월 총회에서 가상자산67) 관련 주석서와 지침서를 확정하고 공개성명서를 채택하였는데, 공개성명서에는 가상자산을 이용한 범죄와 테러의 위험이 중대하고 긴급하다고 판단하여 각국에 가상자산 관련 국제기준을 조속히 이행할 것을 요청하였다. 이러한 상황하에서 우리나라도 이 법을 개정하여,68) **가상자산사업자**에 대하여 자금세탁행위 및 공중협박자금조달행위의 효율적 방지를 위한 의무를 부과하고, **금융회사**가 가상자산사업자와 금융거래를 수행할 때 준수할 사항을 규정하였다.

3. 가상자산이용자보호법의 제정 (2023. 7. 18)

가. 가상자산이용자보호법 제정의 필요성

가상자산은 법률의 근거없이 자발적으로 탄생하여 점차

---

66) 장일석, 『자금세탁방지제도의 이해』(2021), 107면.

67) FAFT도 2018년 10월 용어를 **가상자산(Virtual Asset)**으로 정하였다; 장일석, 『자금세탁방지제도의 이해』(2021), 106면.

68) 우리나라는 가상자산 거래의 투명성을 확보하고 잠재 리스크로 인한 추가 피해를 막기 위해 국제적 공조에 발맞춰 오고 있으며, 특히 **2020년 6월** FATF의 가상자산 관련 기준 이행상황 점검 및 상호평가 결과에 따라 미칠 수 있는 부정적 영향을 예방할 필요가 있었다; 정지수, "가상자산 자금세탁방지 관련 국제적 현황 및 시사점"(2020), 5면.

그 거래규모가 확대되고 대중화됨에 따라 예측하지 못한 **피해와 경제질서의 혼란**을 초래할 수 있어 더 이상 이를 계약당사자들에게만 맡겨둘 수 없게 되었다.

따라서 각 국가들은 이를 제도권내로 흡수하기 위한 노력을 하고 있으며, 우리나라도 이 법을 제정하여 이를 합법적으로 거래하고 보호받을 수 있도록 하였다.

나. 가상자산이용자보호법의 제정

이 법은 2023년 7월 18일 제정(법률 제19563호)하여 2024년 7월 19일 시행하였다.

이 법은 가상자산 이용자 자산의 보호와 불공정거래행위 규제 등에 관한 사항을 정함으로써 ① **가상자산 이용자의 권익**을 보호하고 ② 가상자산시장[69]의 **투명하고 건전한 거래질서**를 확립하는 것을 목적으로 한다(제1조).

이 법은 **국외에서 이루어진 행위**로서 그 효과가 국내에 미치는 경우에도 적용하도록 하였고(제3조), 가상자산 및 가상자산사업자에 관하여 다른 법률에서 특별히 정한 경우를 제외하고는 이 법에서 정하는 바에 따르도록 하여(제4조), 이 법에 가상자산법에 관한 **일반법**의 성격을 부여하였다.

---

69) '가상자산시장'이란 가상자산의 매매 또는 가상자산 간 교환을 할 수 있는 시장을 말한다.

제3절 가상자산법의 법적 지위

1. 헌법과의 관계

가. 재산권의 개념

 국민의 기본권인 재산권은 최상위의 규범인 헌법에 보장하고,[70] 그 구체적인 범위와 행사 방법은 민법 등 하위 법률에 규정하고 있다.

 그런데 그동안 헌법에서 예정하였던 재산권의 범위에 들어있지 않던 가상자산이 새로이 나타남에 따라 헌법이 이를 어떻게 해석할 것인가가 문제된다.

---

70) 제23조①모든 국민의 재산권은 보장된다. 그 내용과 한계는 법률로 정한다. ②재산권의 행사는 공공복리에 적합하도록 하여야 한다. ③공공필요에 의한 재산권의 수용·사용 또는 제한 및 그에 대한 보상은 법률로써 하되, 정당한 보상을 지급하여야 한다.

나. 헌법상 재산권에 관한 학설

재산권의 객체인 재산권은 경제적 가치가 있는 모든 공·사법상의 권리이다.[71] 따라서 가상자산에 관한 권리도 당연히 포함하는 것으로 해석하여야 한다.

다. 헌법의 새로운 구상

이상과 같이, 헌법상 재산권에 가상자산에 관한 권리도 당연히 포함하는 것으로 해석하여야 하므로, 특별한 문제는 발생하지 않은 것으로 생각할 수 있다.

그러나 헌법상 '재산', 민법상 '물건', 형법상 '재물' 등으로 용어를 다양하게 사용하고 있어 혼란을 초래하고 있으므로 이를 정비할 필요가 있다.

2. 민법과의 관계

가. 재산권 행사의 기본 원칙

국민의 기본권인 재산권은 헌법이 보장하고, 그 행사의 기

---

71) 성낙인, 『헌법』(2025), 1471면; 헌법재판소 1992. 6. 26. 90헌바26 결정.

본 원칙은 민법에 규정하고 있다. 그런데 가상자산이 새로이 재산권의 영역에 들어옴에 따라, 이에 관한 재산권의 행사는 어떻게 하느냐가 문제된다.

나. 민법의 기본 원칙의 적용

 가상자산은 기존의 민법에서 규정한 재산과는 전혀 새로운 성격을 가지므로, 이에 관한 새로운 규정이 필요하고 이를 규정한 것이 가상자산법이다.

 그러나 가상자산법이 가상자산에 관한 권리의 행사 방법을 모두 규정할 수는 없고 그 특성에 맞는 새로운 내용들만 규정하고 있다. 따라서 가상자산법에서 규정하지 않은 부분은 민법에서 규정한 재산권 행사의 일반원칙을 적용하여야 한다. 이러한 점에서 가상자산법은 **민법의 특별법**이라 할 수 있다.[72]

다. 민법의 전면적인 개편 필요

 앞에서 언급한 바와 같이, 국민의 재산권 행사의 기초인 민법은 자산이라는 개념을 사용하지 아니하고 **물건**[73]에 관하

---

72) 민법도 가상자산을 품는 방향으로 체계를 전반적으로 재구성하여야 한다.
73) "유체물 및 전기 기타 관리할 수 있는 자연력"을 물건으로 정의한다(제98조).

여 동산·부동산, 주물·종물, 원물·과실 등으로 구분하고 있다.

과거 가상자산을 상상조차 하지 못하던 시대에 입법한 것으로 현재 가상자산을 토대로 한 국민의 재산권 행사가 활발히 일어나고 있는 현실을 반영하여 민법을 전면적으로 개편하여야 한다. 물건의 차원을 넘어서서 **자산의 개념을 도입**하여야 한다.

3. 민사집행법과의 관계

가. 가상자산에 대한 집행

가상자산도 법적 재산으로 인정되는 이상 이에 관한 채권의 행사 즉, 민사집행이 가능하다. 따라서 가상자산 자체는 물론 가상자산의 이전(인도)청구권은 금전적 가치가 있고 양도성과 독립성을 갖추었으므로, **민사집행의 대상**이 될 수 있다.

나. 가상자산에 대한 집행방법

가상자산에 대한 구체적인 집행방법에 관하여 법률에 명확한 규정이 없어서 해석에 의할 수밖에 없다.[74]

---

74) 이시윤·조관행, 『민사집행법』(2025), 500~7면.

(1) 집행채권이 금전채권인 경우

(가) 가상자산사업자(거래소)에 관리가 위탁된 경우

채무자가 거래소에 금전청구권을 가진 경우에는 집행권원이 금전채권이고 집행의 대상도 금전채권이므로, 일반적인 금전채권에 대한 집행절차로 진행하면 된다.

그리고 채무자가 거래소에 가상자산의 이전(반환, 인도)청구권을 가진 경우에는 "가상자산의 이전(반환, 인도)청구권"의 법적 성질을 어떻게 보느냐에 따라 그 집행방법이 달라진다. 즉, ① 유체동산설,[75] ② 예탁유가증권의 지분설,[76] ③그 밖의 재산권설[77] 등으로 나누어 진다.

(나) 집행채무자가 자신의 전자지갑에 보관하는 경우

집행채무자가 직접 전자지갑을 보유하고 여기에 가상자산을 보관하고 있는 경우에는 비밀번호를 알아야 집행할 수 있다.

이에 대하여는 ① 그 밖의 재산권으로 집행하자는 견해,[78]

---

75) 전승재·권헌영, "비트코인에 대한 민사상 강제집행방안"(2018), 98면.
76) 윤배경, "가상화폐에 대한 강제집행의 제문제와 특별현금화 방안에 대한 제언"(2018), 133면.
77) 이시윤·조관행, 『민사집행법』(2025), 502면.
78) 이시윤·조관행, 『민사집행법』(2025), 502면; 이혜정·김정환·서용

② 유체동산으로 취급하자는 견해,79) ③ 집행불능설80) 등으로 나누어 진다. 채무자 명의의 전자지갑에 있는 비트코인에 대한 보전처분 신청에 대하여 법원은 "블록체인 내에서 채무자가 배타적, 독립적으로 보관, 관리하기 때문에 제3채무자가 있을 수 없어 채권 내지 기타 재산권으로서의 집행이 어려우므로, 제3채무자들에 대하여 채무자의 이 사건 비트코인 지갑 계좌의 거래 중지를 구하는 이 부분 신청은 피보전권리와 보전의 필요성을 인정하기 어렵다81)고 하였다.

(2) 집행채권이 비금전채권인 경우

(가) 집행채무자가 자신의 전자지갑에 보관하는 경우

집행채권이 금전채권이 아니고 가상자산 이전(인도) 청구권

성, "가상자산에 대한 민사집행연구"(2022), 215면; 전휴재, "가상자산에 대한 민사집행에 관한 소고"(2023), 100~7면.

79) 전승재·권헌영, "비트코인에 대한 민사상 강제집행방안"(2018), 98면.

80) 여러 가지 원인으로 채권집행 자체가 불가능한 가상화폐에 대하여 독자적으로 그 밖의 재산권에 대한 집행이 가능하다고 하는 것은 민사집행 관련 법령의 기본구조 자체를 몰각시키는 주장이다. 법원에서 가상화폐를 사회통념상 경제적 가치가 인정되는 이익 일반을 의미하는 '재산'으로 보아 몰수가 가능하다고 판단하면서 가상화폐에 대하여 재산적 가치를 인정하였다고 하더라도, 그것이 가상화폐를 법률상의 '재산권'으로 인정한 것은 아니다; 박영호, "가상화폐와 강제집행"(2021), 397~410면; 민일영 편집대표, 『주석 민사집행법(IV)』(2024), 865~878면.

81) 광주지방법원 2021. 2. 3. 자 2021카합50078 결정.

인 경우, 계약 등의 내용에 따라 특정물 인도 청구권일 수도 있으나, 그와 같이 볼 약정이 없다면 종류물 인도 청구권으로 보는 것이 일반적이다.82) 채권자가 채무자에게 특정 가상자산의 이전(인도)을 청구할 수 있는 채권은 "주는 채무" 라기 보다는 "하는 채무" 라고 보아야 한다. 그리고 집행채무자가 직접 전자지갑을 보유하고 여기에 가상자산을 보관하고 있는 경우에는 비밀번호를 알아야 집행할 수 있다. 채무자가 협조하지 않아 비밀번호를 알려주지 않을 경우에는 간접강제에 관한 규정83)을 준용하여야 한다.84)

(나) 채무자가 제3자에게 가상자산 이전(인도) 청구권을 가질 경우

이 경우에는 채무자가 비밀번호를 가진 것이 아니고 자신이 제3자에 대하여 가진 이전(반환, 인도)청구권을 넘기는 것이므로 채무자의 특별한 작위가 필요하지 않다.

그러므로 부대체적 작위채무로 볼 필요없이 "주는 채

---

82) 전승재·권헌영, "비트코인에 대한 민사상 강제집행방안"(2018), 91면; 전휴재, "가상자산에 대한 민사집행에 관한 소고"(2023), 107~128면.

83) 제261조(간접강제) ①채무의 성질이 간접강제를 할 수 있는 경우에 제1심 법원은 채권자의 신청에 따라 간접강제를 명하는 결정을 한다. 그 결정에는 채무의 이행의무 및 상당한 이행기간을 밝히고, 채무자가 그 기간 이내에 이행을 하지 아니하는 때에는 늦어진 기간에 따라 일정한 배상을 하도록 명하거나 즉시 손해배상을 하도록 명할 수 있다. ②제1항의 신청에 관한 재판에 대하여는 즉시항고를 할 수 있다.

84) 이시윤·조관행, 『민사집행법』(2025), 506면.

무"로 보고 일반적인 집행방법에 따르면 된다. 즉, 금전채권 외의 채권에 기초한 강제집행 규정 중 인도할 동산을 제3자가 점유하고 있는 경우에 활용되는 제257조[85]와 제259조[86]를 준용하면 될 것이다.[87]

다. 민사집행법의 전면적인 개편 필요

이상과 같이, 현재는 해석에 의하여 가상자산에 대한 집행 문제를 해결할 수밖에 없지만,[88] 민법과 마찬가지로 민사집행법도 조속히 전면 개편하여 **가상자산의 집행**을 명확히 규정하여야 한다.

---

[85] 제257조(동산인도청구의 집행) 채무자가 특정한 동산이나 대체물의 일정한 수량을 인도하여야 할 때에는 집행관은 이를 채무자로부터 빼앗아 채권자에게 인도하여야 한다.

[86] 제259조(목적물을 제3자가 점유하는 경우) 인도할 물건을 제3자가 점유하고 있는 때에는 채권자의 신청에 따라 금전채권의 압류에 관한 규정에 따라 채무자의 제3자에 대한 인도청구권을 채권자에게 넘겨야 한다.

[87] 이시윤·조관행, 『민사집행법』(2025), 507면.

[88] 가상화폐는 물권법의 규정에 따라 처리되는 일종의 재산적 가치인 것으로 인정될 수 있다. 집행채무자가 비밀키를 보유하고 있는 경우에는 제3채무자의 개념이 존재하지 않으므로 가상화폐의 보유자를 집행채무자로 압류명령을 신청하는 것이 된다. 그리고 압류의 대상이 되는 가상화폐의 특정에 있어서는 실제로 복수의 가상화폐가 유통되고 있음에 비추어 가상화폐의 종류와 수량을 가지고 특정하는 것으로 충분할 것이다. 또한 경우에 따라 포괄적 압류를 하는 것이 될 것이다. 이 압류명령은 집행채무자에게 송달된 때에 그 효력이 생기게 된다; 전병서, 『민사집행법』(2024), 467면.

4. 자본시장법과의 관계

가. 자본시장법의 제정

우리나라는 ① 1962년 증권거래법을 제정하여 자본시장과 관련한 제도의 기초를 마련하였고 ② 이후 1969년 증권투자신탁업법, 1995년 선물거래법, 1998년 증권투자회사법을 제정하였고 ③ 2004년에는 증권투자신탁업법과 증권투자회사법을 통합하여 「간접투자자산 운용업법」을 제정하는 등 대내외 경제여건의 변화에 부응하고 금융법의 분화·발전을 위하여 점진적으로 제도를 정비해 왔다.

그러나 이러한 법률은 금융기관이 취급할 수 있는 상품의 종류를 제한적으로 열거하고 있어 창의적인 상품개발 등 금융혁신이 어렵고, 금융업의 겸영을 엄격하게 제한하고 있어 시너지 효과를 통한 경쟁력 향상에 한계가 있으며, 각 금융기관별로 상이한 규제체계로 되어 있어 규제차익문제 등 비효율성이 발생하고 있고, 투자자 보호장치가 미흡하여 자본시장에 대한 신뢰를 저하시키는 등 제도적 요인이 자본시장의 발전에 장애가 되었다.

더구나 자산유동화증권(ABS), 파생결합증권, 헤지펀드 등 다양한 구조의 금융 신상품이 급속도로 늘어나고 이를 중심으로 미국, 영국, 유럽 등 주요 자본시장과 투자은행(Investment Bank)이 급성장함에 따라 종래의 단편적이고 점진적인 제도개선만으로는 국제경쟁력을 확보하기 어려운 상황에 직면하였다.[89]

이러한 문제점을 해결하기 위하여 2007년 8월 3일 「**자본시장과 금융투자업에 관한 법률**」[90]을 제정하여 2009년 2월 4일 시행하였다. 이 법은 증권거래법 등 자본시장 관련 법률을 통합하여 금융투자상품의 개념을 포괄적으로 규정하고, 겸영 허용 등 금융투자회사의 업무범위를 확대하며, 금융업에 관한 제도적 틀을 금융기능 중심으로 재편하고, 투자자 보호장치를 강화하였다.

그리고 자본시장에서의 불공정거래에 대한 규제를 강화하는 등 자본시장에 대한 법체계를 개선하여 금융투자회사가 대형화·전문화를 통하여 경쟁력을 갖출 수 있도록 하고, 투자자 보호를 통한 자본시장의 신뢰를 높이며, 자본시장의 혁신형 기업에 대한 자금공급 기능을 강화하는 등 자본시장의 활성화와 우리나라 금융산업의 발전을 위한 제도적 기반을 개선·정비하였다.

〈표 3〉 2007년 제정된 자본시장법의 주요 내용

① 금융투자상품의 규정 방식을 열거주의에서 **포괄주의**로 전환(제3조부터 제5조까지)
금융투자업자가 개발·판매할 수 있는 금융투자상품을 원본손실이 발생

---

89) 변제호외, 『자본시장법』(2015), 3면.
90) 이하 "자본시장법"이라 한다.

할 가능성(투자성)이 있는 금융상품으로 포괄적으로 정의하고, 금융투자상품을 증권 및 파생상품으로 구분함.

② 금융업의 제도적 틀을 금융기관 중심에서 **금융기능 중심**으로 재편(제6조부터 제8조까지, 제10조 제1항, 제2편 및 제5편)

증권거래법, 선물거래법, 간접투자자산 운용업법, 신탁업법 등 현행 자본시장 관련 법률에서 규정하고 있는 금융업을 기능별로 재분류하여 금융투자업을 4개의 인가업무(투자매매업·투자중개업·집합투자업·신탁업)와 2개의 등록업무(투자일임업·투자자문업)로 나누어 총 6개의 금융투자업으로 구분하고, 모든 금융투자업에 공통으로 적용되는 규제와 각 금융투자업의 업종별 특성에 따른 규제로 나누어 규정함.

③ **투자자 보호체계**의 선진화(제9조 제5항·제6항 및 제46조부터 제50조까지)

투자위험 감수능력을 기준으로 투자자를 일반투자자와 전문투자자로 구분하여 일반투자자에 대하여 투자권유를 하는 경우에는 설명의무, 적합성의무 등을 부과하여 투자자 보호를 강화하고, 전문투자자에 대하여는 보호수준을 완화함.

④ 6개 금융투자업의 **복수업무** 영역 허용(제12조부터 제21조까지)

6개 금융투자업(투자매매업·투자중개업·집합투자업·신탁업·투자일임업·투자자문업)의 복수업무 영위를 허용하고, 금융투자업을 하려는 자는 원하는 업무를 선택하여 인가를 받거나 등록을 한 후 영업할 수 있도록 하되, 인가를 받거나 등록을 하고자 하는 자는 자기자본, 인력 및 물적 설비, 대주주의 재무상태 등에 관한 요건을 갖추도록 함.

⑤ 금융투자업자의 업무범위에 **자금이체업무** 추가(제40조 및 제419조)

금융투자업자의 업무범위에 자금이체업무를 추가하여 투자자가 투자자예탁금으로 송금 또는 공과금납부 등을 할 수 있도록 하되, 한국은행이 금융투자업자의 자금이체업무에 대하여 자료제출요구, 금융감독원에 대한 검사요구 또는 공동검사요구를 할 수 있도록 함.

⑥ 투자자 보호를 위한 **이해상충 방지제도** 도입(제44조, 제45조 및 제64조)

금융투자업자와 투자자 간 등의 이해상충을 방지하기 위한 내부통제장치의 설치를 의무화하고, 이해상충 가능성을 발견한 경우 그 사실을 투자자에게 알리도록 하며, 이해상충 가능성을 적정한 수준으로 해소하기 전까지는 그 상대방 투자자와 거래를 하지 못하도록 하고, 이해상충 가능성이 크다고 인정되는 금융투자업 간에 대해서는 매매에 관한 정보의 제공 금지, 일정한 임직원의 겸직 제한, 사무공간 등의 공동 이용 제한 등 의무를 추가로 부과하고, 투자매매업·투자중개업과 집합투자업을 겸영함에 따라 발생한 이해상충으로 인한 손해배상과 관련된 입증책임은 금융투자업자가 부담하도록 함.

⑦ **투자권유대행인 제도**의 도입(제51조 및 제52조)
금융투자업자는 그에 소속된 임직원이 아닌 자 중 금융투자상품에 대한 전문지식이 있는 자로서 일정한 요건을 갖춘 자(투자권유대행인)에게 투자권유를 위탁할 수 있도록 하되, 투자자 보호를 위하여 투자권유대행인에 대해서도 금융투자업자에게 적용되는 투자권유 관련 규제를 동일하게 적용함.

⑧ 자본시장에서의 **불공정 거래**에 대한 규제 강화(제174조 및 제176조)
증권거래법은 임직원 또는 주요주주가 해당 법인이 발행한 증권의 매매와 관련하여 미공개 중요정보를 이용하는 것을 금지하고 있는데, 미공개 중요정보 이용금지 주체를 계열회사의 임직원 또는 주요주주로 확대하고, 미공개 중요정보 이용금지 대상에 해당 법인이 발행한 증권 외에 이를 기초자산으로 하는 금융투자상품을 추가하며, 증권의 매매를 통하여 부당한 이익을 얻을 목적으로 그 증권을 기초자산으로 하는 장내파생상품이나 그 증권과 연계된 증권의 시세를 변동 또는 고정시키는 행위를 금지함.

⑨ 집합투자재산을 운용하는 법적 기구(집합투자기구)의 다양화(제181조부터 제282조까지)
집합투자업자가 투자자로부터 모은 집합투자재산을 종전의 투자신탁 및 투자회사 외에 투자유한회사(상법상 유한회사)·투자합자회사(상법상 합자회사)·투자익명조합(상법상 익명조합) 및 투자조합(민법상 조합) 방식으로 운용할 수 있도록 허용하고, 그에 따른 설정·설립 및 해지·해산 절차, 집합투자자 총회, 집합투자증권의 환매, 집합투자재산의 보관 등에 관한

사항을 규정함.
⑩ **자본시장 관련 제도**의 합리적 정비(제283조 및 부칙 제3조)
금융투자업에 관한 자율규제기관으로 기존의 한국증권업협회·선물협회 및 자산운용협회를 합병하여 단일의 한국금융투자협회를 설립하도록 하고, 직원의 고용관계를 포함하여 기존 협회의 모든 권리·의무를 포괄 승계하도록 함.
⑪ **금융투자업 인가** 등의 특례(부칙 제1조, 제5조 및 제6조)
시행시기를 공포 후 1년 6개월이 경과한 날로 규정하고, 기존에 증권업·선물업·자산운용업·신탁업·투자자문업·투자일임업 등을 영위하고 있는 자는 법 공포 후 1년이 경과한 날부터 금융투자업 영위를 위한 인가·등록 등을 할 수 있도록 함.

나. 가상자산 관련 금융투자상품

(1) 가상자산의 금융상품 요건 충족 여부

자본시장법상 금융상품에 해당하려면, ① 원본손실위험(투자성)(제3조 제1항)과 ② 증권 또는 파생상품의 어느 하나(제3조 제2항)에 해당되어야 한다. 그런데 가상자산도 ①의 요건은 해당하는 것으로 해석되지만, ②의 요건은 각 가상자산의 성격에 따라 판단하여야 할 것이다.

(2) 증권 해당 여부

가상자산이 증권에 해당하는지 여부는 투자자로부터 자금을 조달하면서 그 대가로 발행하는 토큰의 성격에 따라 결정된다.

결제형 토큰(payment token)과 사용형 토큰(utility token)은 둘 다 지급청구권이 표시된 것이 아니므로 자본시장법상 채무증권, 지분증권, 수익증권 등 어디에도 해당하지 않지만(제4조제2항), "그 밖에 이에 유사한 것"에는 해당할 수 있어(제4조제3항), 특정인에 대한 채권, 출자지분, 수익권 등이 표시된 토큰증권은 발행주체에 대한 권리의 내용과 형식에 따라 채무증권, 지분증권, 투자계약증권, 파생결합증권 등에 해당할 수 있다.[91]

이에 대하여 법원은 가상자산이 자본시장법에서 규제하는 투자계약증권에 해당한다고 보기 어렵다[92]고 하였다. 이에 대하여 가상자산이용자보호법에 자본시장법과 유사한 규제를 하고 있거나 예정되어 있는 점은 가상자산을 투자계약증권을 포함한 증권과 별도로 규율하고자 하는 의도가 있다는 견해[93]도 있다.

(3) 파생상품 해당 여부

가상자산은 ① 기초자산의 가격 변동에 의하여 손익이 결정되는 파생상품의 개념에 부합하지 않으며, ② 자본시장법상 파생상품의 유형인 선도, 옵션, 스왑의 어느 하나에도 해당하지 않으므로(제5조제1항), 가상자산 자체가 파생상품에는 해당할

---

91) 임재연, 『자본시장법』(2025), 1539면.
92) 대법원 2025. 1. 23. 자 2023모451결정.
93) 이석준, "2024년 가상자산 중요판례평석"(2025), 344면.

수 없다. 그러나 가상자산을 기초자산으로 하는 파생상품은 가능하다고 보며, 미국에서는 비트코인을 기초자산으로 하는 파생상품이 거래되고 있다.94)

(4) 기초자산 해당 여부

가상자산을 기초자산으로 인정하는 것은 가능하며, 이는 각 국가의 입법에 의하여 결정된다. 미국은 비트코인 선물/현물을 대상으로 하는 상장지수펀드(ETF)를 허용하고 있다.95)

다. 자본시장법과의 관계

앞에서 본 바와 같이, 가상자산이용자보호법은 "가상자산 및 가상자산사업자에 관하여 **다른 법률**에서 특별히 정한 경우를 제외하고는 이 법에서 정하는 바에 따라야 한다"고 규정하여(제4조), 이 법이 가상자산법의 **일반법**으로서의 성격을 가진다.

그러나 다른 법률에 특별히 정한 규정이 있으면 그 다른

---

94) 임재연, 『자본시장법』(2025), 1540면.

95) 미국의 시카고상업거래소(CME)에서 비트코인을 기초자산으로 하는 선물, 그리고 시카고옵션거래소(CBOE)에서 비트코인 옵션이 거래되고 있고, 2021년 10월 시카고상업거래소에서 거래되는 비트코인 선물을 대상으로 하는 ETF(BITO)가 뉴욕증권거래소(NYSE)에 상장되었다. 그리고 2024년 1월 미국증권거래위원회(SEC)는 ETF를 포괄하는 상위개념인 상장지수상품(ETP)로 표현하면서 11개 비트코인 현물ETF 상장을 승인하였다; 임재연, 『자본시장법』(2025), 1540~1면.

법률이 우선한다. 그 대표적인 법률이 **자본시장법**이다.96) 따라서 자본시장법에서 가상자산에 관한 규정, 즉 토큰증권 등에 관한 규정은 가상자산이용자보호법뿐만 아니라 가상자산에 관한 모든 법률에 우선한다. 이에 관하여 가상자산이용자보호법에서 규정한 가상자산의 개념이 광범위하므로 이를 제한적으로 해석하여 자본시장법을 적용하여야 한다는 견해97)가 있다.

물론 이러한 해석이 필요한 부분이 있을 수도 있겠지만, 가상자산이용자보호법에서 명확히 "다른 법률에 특별히 정한 규정이 있으면 그 다른 법률이 우선한다"고 규정하고 있으므로, 자본시장법에서 규정하고 있는 내용은 확대해석을 하지 않더라도 당연히 **자본시장법이 우선 적용**된다. 따라서 자본시장법에 규정한 내용은 **가상자산법의 특별법**으로 보아야 하고, 가상자산법과 가장 밀접한 법은 자본시장법이다.

5. 공정거래법과의 관계

가. 공정거래법의 이념

1980년 12월 31일 제정된 「독점규제 및 공정거래에 관한

---

96) 임재연, 『자본시장법』(2025), 1541면.
97) 김홍기, 『자본시장법』(2024), 743면.

법률」98)은 "사업자의 시장지배적지위의 남용과 과도한 경제력의 집중을 방지하고, 부당한 공동행위 및 불공정거래행위를 규제하여 공정하고 자유로운 경쟁을 촉진함으로써 창의적인 기업활동을 조성하고 소비자를 보호함과 아울러 국민경제의 균형 있는 발전을 도모함을 목적으로 한다(제1조).

경제운용의 기본방향을 정부주도에서 민간주도로 점차 전환하되, 민간기업의 공정하고 자유로운 경쟁체제를 통하여 창의적 활동을 조장하고, 소비자 권익도 보호하는 건전한 경제질서의 확립을 위하여 "독과점의 폐단은 적절히 규제"한다는 헌법 정신에 따라 이 법을 제정하였다.

나. 공정거래질서의 준수

가상자산에 관한 거래는 실물자산에 관한 거래에 비하여 더욱 불공정거래의 가능성이 높아 이용자에게 피해를 초래할 수 있다. 따라서 가상자산이용자보호법은 시세조종, 미공개정보 이용 등 불공정거래 행위를 엄격히 규제하고 처벌한다.

이는 시장의 투명성과 건전성을 확보하기 위한 조치로, 위반 시 징역형 및 과징금이 부과되며, 특히 법인 및 관련자가 시세조종에 가담하면 가중 처벌될 수 있다.

---

98) 이하 '공정거래법'이하 한다.

6. 세법과의 관계

가. 세법상 쟁점

가상자산이 세법상 문제되는 점은 ① 압류의 대상이 되는지, ② 과세의 대상이 되는지 여부이다.

나. 압류 대상 여부

국세징수법은 가상자산을 압류의 대상으로 규정하고 있다.[99)]

---

99) 제55조(그 밖의 재산권의 압류 절차 등) ① 관할 세무서장은 권리의 변동에 등기 또는 등록이 필요한 그 밖의 재산권을 압류하려는 경우 압류의 등기 또는 등록을 관할 등기소, 관계 행정기관의 장, 지방자치단체의 장(이하 "관할 등기소등"이라 한다)에게 촉탁하여야 한다. 그 변경의 등기 또는 등록에 관하여도 또한 같다. 관할 세무서장은 권리의 변동에 등기 또는 등록이 필요하지 아니한 그 밖의 재산권을 압류하려는 경우 그 뜻을 다음 각 호의 구분에 따른 자에게 통지하여야 한다. 1. 제3채무자가 있는 경우: 제3채무자 2. 제3채무자가 없는 경우: 체납자 ③ 관할 세무서장은 제2항에 따라 **「가상자산 이용자 보호 등에 관한 법률」 제2조 제1호에 따른 가상자산**(이하 "가상자산"이라 한다)을 압류하려는 경우 체납자[같은 법 제2조 제2호에 따른 가상자산사업자(이하 "가상자산사업자"라 한다) 등 제3자가 체납자의 가상자산을 보관하고 있을 때에는 그 제3자를 말한다]에게 대통령령으로 정하는 바에 따라 해당 가상자산의 이전을 문서로 요구할 수 있고, 요구받은 체납자 또는 그 제3자는 이에

다. 가상자산과 과세문제

전 세계적으로 가상자산의 시장규모가 크게 확대되면서 관련 규제와 함께 과세의 필요성도 제기되고 있으며, 미국, 영국, 독일, 일본, 호주, 싱가포르 등 대부분의 선진국에서 가상자산에 대하여 세금을 부과하고 있다.[100]

우리나라 회계기준원은 가상자산을 판매목적으로 보유하면 재고자산, 그렇지 않으면 무형자산으로 분류하였다.[101] 가상자산의 거래에서 발생하는 소득에 대하여 양도소득, 금융투자소득, 기타소득 등 어떻게 규정할지가 문제되었는데, 2020년 12월 29일 소득세법 개정시 "기타소득"으로 입법하였다.[102]

그리고 가상자산의 거래에서 발생하는 소득금액은 총수입금액에서 필요경비를 공제하여 계산한다. 총수입금액은 가상자산의 양도나 대여로 받은 대가이고, 필요경비는 가상자산의 실제 취득

따라야 한다. ④ 관할 세무서장은 제1항 및 제2항 제1호에 따라 압류를 한 경우 및 제3항에 따라 체납자의 가상자산을 보관하고 있는 제3자에게 해당 가상자산의 이전을 요구한 경우 그 사실을 체납자에게 통지하여야 한다. ⑤ 관할 세무서장이 그 밖의 재산권을 압류한 경우 제52조 제3항 및 제4항을 준용하거나 제64조에 따라 매각·추심에 착수한다.

[100] 홍지연, "글로벌 가상자산 과세 현황 및 국내 시사점"(2021), 1~5면.

[101] 회계기준원, 2019-I-KQA017, 한국채택 국제회계기준에서 가상통화의 분류, 2019. 12. 10.

[102] 이중교, 『조세법개론』(2024), 684~5면.

가액과 그 부대비용이다.103)

---

103) 소득세법 시행령 제88조(가상자산에 대한 기타소득금액의 계산 등) ① 법 제37조에 따라 법 제21조 제1항 제27호에 따른 가상자산(이하 "가상자산"이라 한다)을 양도함으로써 발생하는 소득에 대한 기타소득금액을 산출하는 경우에는 거주자별로 제92조제2항제4호의 총평균법을 적용하여 계산한다.<개정 2025. 2. 28.>
② 법 제37조 제5항에 따른 "2026년 12월 31일 당시의 시가"는 다음 각 호의 구분에 따른 금액으로 한다.<개정 2022. 12. 31., 2024. 12. 31., 2025. 2. 28.> 1. 「가상자산 이용자 보호 등에 관한 법률」에 따른 가상자산사업자(이하 "가상자산사업자"라 한다) 중 국세청장이 고시하는 사업자(이하 "시가고시가상자산사업자"라 한다)가 취급하는 가상자산의 경우: 각 시가고시가상자산사업자의 사업장에서 2027년 1월 1일 0시 현재 가상자산별로 공시한 가상자산 가격의 평균 2. 제1호 외의 경우: 시가고시가상자산사업자 외의 가상자산사업자(이에 준하는 사업자를 포함한다)의 사업장에서 2027년 1월 1일 0시 현재 가상자산별로 공시한 가상자산 가격 ③ 가상자산 간의 교환(이하 이 항에서 "교환거래"라 한다)으로 발생하는 소득에 대한 기타소득금액을 산출하는 경우에는 다음 각 호의 구분에 따른 기축가상자산(교환거래를 할 때 교환가치의 기준이 되는 가상자산을 말한다. 이하 이 항에서 같다)의 가액에 교환거래의 대상인 가상자산과 기축가상자산 간의 교환비율을 적용하여 계산한다. 1. 시가고시가상자산사업자를 통해 거래되는 기축가상자산의 경우: 교환거래 시점과 동일한 시점에 기축가상자산이 금전으로 교환된 가액 2. 「외국환거래법」에 따른 외국통화에 연동되는 기축가상자산의 경우: 교환거래일 현재 같은 법 제5조제1항에 따른 기준환율 또는 재정환율에 따라 환산한 가액 ④ 법 제37조 제6항 전단에서 "대통령령으로 정하는 사유"란 다음 각 호의 어느 하나에 해당하는 경우를 말한다. 1. 가상자산사업자를 통하지 않고 가상자산을 취득한 경우로서 장부나 그 밖의 증명서류에 의하여 실제취득가액을 확인할 수 없는 경우 2. 그 밖에 국세청장이 정하여 고시하는 사유로 실제취득가액을 확인하기 곤란한 경우 ⑤ 법 제37조 제6항 전단에서 "대통령령으로 정하는 비율"이란 100분의 50을 말한다. ⑥ 제1항부터 제5항까지에서 규정한 사항 외에 가상자산에 대한 기타소득금액의 계산에 필요한 사항은 국세청장이 정하여 고시한다.<개정 2025. 2. 28.> [본조신

라. 세법의 전면적인 개편 필요

이상과 같이, 현재는 해석에 의하여 가상자산에 대한 조세문제를 해결할 수밖에 없지만, 민법과 마찬가지로 세법도 조속히 전면 개편하여 **가상자산에 관한 조세문제**를 명확히 규정하여야 한다.

그 구체적 방안은 다음과 같이 제시되고 있다.

① 가상자산 관련 소득을 기타소득으로 분류하되, 여러 가지 유형에 맞게 과세할 수 있도록 일정한 기준을 세워야 한다.

② 가상자산의 양도·대여뿐 아니라 다른 거래유형을 과세할 수 있도록 하여야 한다.

③ ICO 거래의 소득 실현시점을 규정하여야 한다.

④ MCAA CARF[104] 시행에 대비하여 가상자산사업자의 가상자산 거래내역 제출제도를 활용할 수 있도록 하여야 한다.

⑤ 납세의무자가 자발적으로 신고할 수 있도록 가상자산소

설 2022. 3. 8.] [시행일: 2027. 1. 1.]

[104] 파라과이 아순시온에서 개최되는 제17차 경제협력개발기구(OECD) 국제포럼(2024년, 회원국 171개국) 총회(2024년 11월 26일~11월 28일)에서 독일·일본·프랑스 등을 포함한 48개 국가의 대표단은 「암호화자산 보고체계 다자간 정보교환협정」(Multilateral Competent Authority Agreement on Automatic Exchange of Information pursuant to the Crypto-Asset Reporting FrameworkMultilateral Competent Authority Agreement on Automatic Exchange of Information pursuant to the Crypto-Asset Reporting Framework, MCAA CARF))에 공식 서명하였다; 기획재정부, 보도자료, 2024.11.26.

득 신고납부 안내와 신고세액공제 제도를 도입하여야 한다.

⑥ 가상자산의 익명성에 대응하기 위하여 가상자산소득에 관한 부과제척기간과 가산세 제도를 개정한다.

⑦ 해외금융계좌신고의 기준 금액을 5억원 아래로 낮추거나 해외가상자산계좌를 해외금융계좌와 따로 신고하도록 하여야 한다.

⑧ 가상자산 거래내역 제출의무 또는 CARF 보고의무를 이행하지 않는 가상자산사업자에 대하여는 가산세 또는 과태료를 부과하여야 한다.[105] 그리고 금융투자소득세와의 형평성 문제도 고려하여야 한다.[106]

7. 형법과의 관계

가. 형법상 쟁점

형법에서 가상자산이 문제되는 점은 ① 몰수의 대상이 되는지, ② 횡령과 배임죄[107]의 대상이 되는지 여부이다.

---

105) 김범준·김석환, "가상자산 소득과세의 쟁점과 입법 과제"(2023), 19~39면.

106) 홍지연, "글로벌 가상자산 과세 현황 및 국내 시사점"(2021), 1~5면.

107) 제355조(횡령, 배임)①타인의 **재물**을 보관하는 자가 그 재물을 횡령하거나 그 반환을 거부한 때에는 5년 이하의 징역 또는 1천500

나. 몰수의 대상 여부

「범죄수익은닉의 규제 및 처벌 등에 관한 법률[108]」은 국제적 기준에 맞는 자금세탁방지 제도를 마련하고 범죄수익의 몰수·추징에 관한 특례를 규정함으로써 특정범죄를 조장하는 경제적 요인을 근원적으로 제거하여 건전한 사회질서의 유지에 이바지함을 목적으로 제정된 법률이다. 특정범죄를 직접 처벌하는 형법 등을 보충함으로써 중대범죄를 억제하기 위한 형사법 질서의 중요한 일부를 이루고 있다.

범죄수익은닉규제법은 "중대범죄에 해당하는 범죄행위에 의하여 생긴 재산 또는 그 범죄행위의 보수로 얻은 재산"을 범죄수익으로 규정하고(제2조 제2호 가목), 범죄수익을 몰수할 수 있다고 규정한다(제8조 제1항 제1호). 그리고 범죄수익은닉규제법 시행령은 "은닉재산이란 몰수·추징의 판결이 확정된 자가 은닉한 현금, 예금, 주식, 그 밖에 재산적 가치가 있는 유형·무형의 재산을 말한다."라고 규정하고 있다(제2조 제2항 본문).

위와 같은 범죄수익은닉규제법의 입법 취지 및 법률 규정의 내용을 종합하여 보면, 범죄수익은닉규제법에 정한 중대범죄에 해당하는 범죄행위에 의하여 취득한 것으로 재산적

만원 이하의 벌금에 처한다. ②타인의 사무를 처리하는 자가 그 임무에 위배하는 행위로써 **재산상의 이익**을 취득하거나 제삼자로 하여금 이를 취득하게 하여 본인에게 손해를 가한 때에도 전항의 형과 같다.

[108] 이하 '범죄수익은닉규제법'이라 한다.

가치가 인정되는 무형재산도 몰수할 수 있다.

피고인이 음란물유포 인터넷사이트를 운영하면서 「정보통신망 이용촉진 및 정보보호 등에 관한 법률」[109] 위반(음란물유포)죄와 도박개장방조죄에 의하여 비트코인(Bitcoin)을 취득한 사안에서, 범죄수익은닉규제법 [별표] 제1호 (사)목에서는 형법 제247조의 죄를, [별표] 제24호에서는 정보통신망법 제74조 제1항 제2호의 죄를 중대범죄로 규정하고 있어 피고인의 정보통신망법 위반(음란물유포)죄와 도박개장방조죄는 범죄수익은닉규제법에 정한 중대범죄에 해당하며, 비트코인은 경제적인 가치를 디지털로 표상하여 전자적으로 이전, 저장 및 거래가 가능하도록 한, 이른바 '가상화폐'의 일종인 점, 피고인은 위 음란사이트를 운영하면서 사진과 영상을 이용하는 이용자 및 음란사이트에 광고를 원하는 광고주들로부터 비트코인을 대가로 지급받아 재산적 가치가 있는 것으로 취급한 점에 비추어 **비트코인은 재산적 가치가 있는 무형의 재산이라고 보아야 하고, 몰수의 대상인 비트코인이 특정되어 있다는 이유로, 피고인이 취득한 비트코인을 몰수할 수 있다**.[110]

다. 사기죄, 횡령죄, 배임죄의 대상 여부

이에 관하여, 가상자산은 재산적 가치를 가지는 무형의 재

---

109) 이하 '정보통신망법'이라 한다.
110) 대법원 2018. 5. 30.선고 2018도3619 판결.

산에 해당하여 **사기죄 및 배임죄**의 객체인 재산상의 이익[111]에도 해당한다.

그러나 **횡령죄**의 객체인 재물에도 해당되지 않는다는 견해[112]와 해당한다는 견해[113]가 있다. 후자가 타당하다고 생각하며, 재물의 개념을 확대해석하여 횡령죄의 객체에 해당된다고 보아야 한다.

자신의 가상자산 지갑에 법률상 원인관계 없이 타인의 가상자산을 수령한 경우 이를 반환하여야 할 민·형사상 책임이 있는지 여부가 문제된다.

가상자산 권리자의 착오나 가상자산 운영 시스템의 오류 등으로 법률상 원인관계 없이 다른 사람의 가상자산 전자지갑에 가상자산이 이체된 경우, 가상자산을 이체받은 자는 가상자산의 권리자 등에 대한 **부당이득반환의무를 부담하게 될 수 있다.** 그러나 이는 당사자 사이의 민사상 채무에 지나지 않고 이러한 사정만으로 가상자산을 이체받은 사람이 신임관계에 기초하여 가상자산을 보존하거나 관리하는 지위에 있다

---

111) 비트코인은 경제적인 가치를 디지털로 표상하여 전자적으로 이전, 저장과 거래가 가능하도록 한 가상자산의 일종으로 사기죄의 객체인 재산상 이익에 해당한다; 대법원 2021.11.11. 선고 2021도9855 판결.

112) 안현수, 『가상자산법』(2024), 40면.

113) 가상화폐의 특성과 거래에 대한 법적 규제, 형법상 재물 개념의 해석론 등에 비추어 볼 때, 횡령죄와 배임죄 성립을 부정하는 것은 타당하지 않다; 김민수, "가상화폐의 재물성에 관한 형사법적 검토"(2023), 528 ~530면.

고 볼 수 없다.

가상자산은 국가에 의해 통제받지 않고 블록체인 등 암호화된 분산원장에 의하여 부여된 경제적인 가치가 디지털로 표상된 정보로서 재산상 이익에 해당한다. 가상자산은 보관되었던 전자지갑의 주소만을 확인할 수 있을 뿐 그 주소를 사용하는 사람의 인적사항을 알 수 없고, 거래 내역이 분산 기록되어 있어 다른 계좌로 보낼 때 당사자 이외의 다른 사람이 참여해야 하는 등 일반적인 자산과는 구별되는 특징이 있다. 이와 같은 가상자산에 대해서는 현재까지 관련 법률에 따라 법정화폐에 준하는 규제가 이루어지지 않는 등 법정화폐와 동일하게 취급되고 있지 않고 그 거래에 위험이 수반되므로, 형법을 적용하면서 법정화폐와 동일하게 보호해야 하는 것은 아니다.

원인불명으로 재산상 이익인 가상자산을 이체받은 자가 가상자산을 사용·처분한 경우 이를 형사처벌하는 명문의 규정이 없는 현재의 상황에서 착오송금 시 횡령죄 성립을 긍정한 판례를 유추하여 신의칙을 근거로 피고인을 배임죄로 처벌하는 것은 죄형법정주의에 반한다.

피고인이 알 수 없는 경위로 갑의 특정 거래소 가상지갑에 들어 있던 비트코인을 자신의 계정으로 이체받은 후 이를 자신의 다른 계정으로 이체하여 재산상 이익을 취득하고 갑에게 손해를 가하였다고 하여 특정경제범죄 가중처벌 등에 관한 법률 위반(배임)의 예비적 공소사실로 기소된 사안에서, 비트코인이 법률상 원인관계 없이 갑으로부터 피고인 명의의 전자지갑으로 이체되었더라도 피고인이 신임관계에 기초하여 갑의 사무를 맡아 처리하는 것으로 볼 수 없는 이상 갑에 대한 관계에서 **'타인의 사무를 처리하는 자'에 해당하지 않으므로, 배임죄가 성립되지 않는다.**[114]

이에 대하여 가상자산의 착오이체가 있더라도 전통적 금융거래에서처럼 수취인을 신의칙상 보관자로 보기 어려우므로, 기본적인 성격은 민사상 채무로 보는 것이 타당하며, 현행 형법이 이를 처벌하는 규정을 두고 있지 않는 이상 착오송금의 법리를 유추적용하여 횡령죄나 배임죄로 처벌하는 것은 죄형법정주의에 반할 수 있다고 해석한다.[115]

라. 형법의 전면적인 개편 필요

이상과 같이, 현재 형법은 재물과 재산상 이익에 대하여만 규정하고 가상자산에 관하여는 아무런 규정이 없어 그 해석 또한 구시대적 사고에서 벗어나지 못하고 있다.

현행 법조문에 얽매여 구성요건을 제대로 해석하지 못하고 있다. 즉, 법조문을 엄격히 해석하다 보니 결과적으로 법집행을 엄격히 하여야 하는 형법의 이념을 저버리고 형법을 허수아비법 내지 물법으로 추락시키고 있다.[116] 따라서 민법

---

114) 대법원 2021. 12. 16.선고 2020도9789 판결.

115) 최호진, 『형법 각론』(2025), 581~2면.

116) 가상자산에 대하여는 국내뿐만 아니라 국제적으로도 해킹 등 심각한 범죄가 발생하고 있는데 엄격한 법집행 체계를 구축하여야 한다.

과 마찬가지로 형법도 조속히 전면 개편하여 **가상자산에 관한 범죄의 처벌문제**를 명확히 규정하여야 한다.

제4절 가상자산법의 전망

1. 토큰 증권(Security Token) **발행 추진**

2023년 2월 금융위원회, 금융감독원, 한국거래소, 예탁결제원 등 4개 기관은 "토큰 증권(Security Token) 발행·유통 규율체계 정비방안"을 발표하였다.[117]

추진 배경은, ① 현행 제도에서는 특정한 방식으로만 디지털 증권의 발행이 가능하고, 증권을 다자간에 거래할 수 있는 유통시장도 제한적이며, ② 전자증권법이 증권을 디지털화하는 방식을 제한하고 있어 증권사 등을 통해서만 가능하고, 토큰 증권의 발행은 아직 허용되지 않는다. ③ 최근 조각투자 등과 관련하여 발행 수요가 있는 투자계약증권이나 비금전 신탁 수익증권의 경우, 자본시장법상 유통에 대한 제도

---

117) https://www.fsc.go.kr/no010101/79386?srchCtgry=&curPage=&srchKey=&srchText=&srchBeginDt=&srchEndDt=

가 마련되어 있지 않아 제도권 내에서의 거래가 어렵다. ④ 반면, 토큰 증권의 형태로 다양한 권리를 발행·유통하려는 시장 수요는 여러 측면에서 제기되고 있다. ⑤ 증권 시장 측면에서는, 기존의 주식 등 정형적인 증권과 거래소 상장시장 중심의 제도가 충족하지 못하고 있는 다양한 비정형적 증권의 소액 발행·투자 및 거래에 대한 요구가 있다. ⑥ 디지털자산 시장 측면에서는, 그간 규율공백과 신기술의 편의성을 토대로 빠르게 성장해 온 관련 사업자들이 제도권인 증권 영역까지 진출하려는 시도가 발생하고 있다. ⑦ 한편, 증권에 해당하는 디지털자산은 현재도 자본시장법상 증권 규제를 모두 준수하며 발행·유통되어야 한다. ⑧ 디지털자산 시장의 질서를 잡아가는 한 과정으로, 증권 여부 판단에 대한 불확실성을 최소화해 법 위반 가능성을 방지하고 투자자를 보호할 필요가 있기 때문이다.

추진 방향은 토큰 증권을 전자증권법 제도상 증권발행 형태로 수용하는 것이다. 분산원장 요건을 충족하는 토큰 증권을 전자증권법상 증권의 디지털화(전자등록) 방식으로 수용하여 분산원장 기술을 증권의 권리 발생·변경·소멸에 관한 정보를 기재하는 법상 공부(公簿)의 기재 방식으로 인정하는 것이다. 그리고 분산원장의 안정성을 확보하고 투자자의 권리를 보호하기 위해 일정한 요건이 요구될 것이며, 이러한 요건을 충족하는 분산원장을 바탕으로 발행된 토큰 증권에는 기존 전자증권과 동일한 전자증권법상의 투자자 보호장치가 적용된다.

2. 법인의 가상자산 거래 허용

추진 배경은 법인의 가상자산 거래는 2017년 정부의 규제에 따라 원칙적으로 제한되어왔다. 당시 정부는 개인에 비해 법인의 가상자산 거래는 자금세탁 및 시장과열 우려가 크다는 점을 감안하여 과열된 투기 현상을 완화하기 위해 법인의 가상자산 거래를 금지했으며, 현재까지도 은행들은 관행적으로 법인 명의의 실명계좌 개설을 제한해 왔다.

그러나 최근 가상자산이용자보호법이 시행되면서 이용자 보호를 위한 제도적 기반이 마련되었고, 해외에서는 주요국들이 법인의 시장 참여를 폭넓게 허용하고 있으며, 국내 기업에서도 블록체인 관련 신사업 수요가 증가하는 등 시장 환경이 변화하고 있다. 이에 따라 국내에서도 법인의 가상자산 거래를 허용해야 한다는 요구가 지속해서 증가하고 있다.

가상자산위원회는 이러한 시장변화에 대응하기 위해 법인의 시장참여 이슈를 제1차 회의(2024.11.6) 논의 과제로 선정하여 가상자산 여건 변화에 대응한 정책방향을 모색했으며, 이후 총 12차례 분과위원회 및 실무 TF 등을 통해 정책화 방안에 대한 심층 검토를 진행했다.

주요 내용은 금융위원회는 관계기관과 함께 가상자산위원회 및 분과위원회 등 논의 결과를 종합하여 이용자 보호와 시장안정을 저해하지 않는 범위에서 법인의 시장참여를 점진적으로 허용하는 「법인의 가상자산시장 참여 로드맵」을 마련했다.

우선, 올해 상반기부터 현금화 목적의 매도 실명계좌 발급을 허용한다. 먼저, 범죄수익 몰수 등 법적 근거가 있는 검찰·국세청·관세청 등 법집행기관의 경우, 이미 작년 말부터 원활한 계좌발급을 지원 중이다. 기부·후원을 받는 비영리법인의 경우, 모금 및 활용 등 운용의 투명성이 확보되고 주무 기관의 관리·감독을 받는 지정기부금단체, 대학교 등에 대해 2분기부터 법인 실명계좌 발급을 허용한다. 아직 대부분 비영리법인은 가상자산 수령 및 현금화 기준과 절차 등이 미비한 만큼, 관계기관 TF 등을 통해 최소한의 「내부통제기준」 마련도 지원할 계획이다. 가상자산거래소의 경우 수수료로 받은 가상자산을 현금화하여 인건비·세금 납부 등 경상비로 사용할 수 있게 된다. 다만, 거래소의 대량매도 등에 따른 이용자와의 이해상충 문제가 발생할 가능성이 있는 만큼, 사업자 공동의 「매각 가이드라인」을 마련한 뒤 순차적으로 허용할 계획이다.

하반기에는 위험감수 능력을 갖춘 일부 기관투자자에 대한 투자·재무목적의 매매 실명계좌를 시범허용(Pilot Test)한다. 구체적으로 자본시장법상 '전문투자자' 중 금융회사를 제외한 상장회사 및 전문투자자로 등록한 법인[118] 총 3,500

---

118) 금융투자상품 잔고가 100억원(외감법인은 50억원) 이상인 법인. 참고로 홍콩의 경우에도 금융투자상품 잔고(800만 HKD↑) 또는 총자산(4천만 HKD↑)을 기준으로 법인의 가상자산 매매를 허용

여개사가 그 대상이다. 자본시장법상 전문투자자는 리스크와 변동성이 가장 큰 파생상품에 투자가 이미 가능한 점, 해당 법인들은 블록체인 연관 사업 및 투자에 대한 수요가 크다는 점 등을 고려하여 시범허용 범위를 선정하였다.

이번 시범허용으로 법인의 가상자산시장 참여가 확대되는 만큼 이에 상응하는 보완조치도 강화할 계획이다. 자금세탁 방지를 위한 은행의 거래 목적 및 자금 원천 확인 강화, 제3의 가상자산 보관·관리기관 활용 권고, 투자자에 대한 공시 확대 등을 담은 「매매 가이드라인」을 마련하고, 개별 전문투자자별로 역량 차이가 존재하는 만큼 최종 실명계좌 발급 여부는 은행과 거래소가 세부심사를 거쳐 결정하도록 할 방침이다.

금융회사의 경우, 제1차 가상자산위원회에서 가상자산 위험의 금융시스템 전이 우려 등을 고려하여 신중한 접근이 필요하다고 권고한 만큼 가상자산의 직접 매매 허용보다는 최근 금융자산의 토큰화, 블록체인 인프라 활용에 대한 글로벌 논의가 활발한 점을 고려하여, **토큰증권(STO) 입법을 통한 토큰증권 발행 지원, 금융권의 블록체인 분야 투자 확대** 등 다양한 정책 방안을 강구해 나갈 예정이다.

전문투자자가 아닌 일반 법인의 경우, 가상자산시장 상황과 시범 허용 결과를 면밀히 분석한 후, 2단계 입법과 외환·세제 등 관련 제도 정비가 완료되면 중장기적으로 검토할 예정이다.[119]

3. 스테이블 코인 발행 추진

정부는 아직 구체적인 방안이 확정된 것은 아니지만, 제2차 가상자산위원회(2025.1.15)를 통해 가상자산법 2단계 입법 검토방향을 발표하며, 주요 과제로 '스테이블코인 규율방안'을 가장 먼저 논의한 바 있으며, 관계기관 TF 등을 통해 2단계법 세부안을 차질없이 검토해 나갈 예정이다.

아울러, 금융위원회·금융감독원은 최근 가상자산시장의 변동성 확대에 대응해 이용자 보호 등을 위해 스테이블코인을 비롯한 가상자산 전반에 대한 모니터링 강화를 지속해 나갈 것이다.[120]

미국과 EU는 가상자산을 스테이블 코인과 비스테이블 코인으로 명확하게 구분하고 두 시장에 대한 정책 설계를 함께 진행하고 있다. 그러나 우리나라는 가상자산과 관련된 제도적인 논의는 주로 비스테이블 코인에 집중되어 있는 실정이다. 국내 스테이블 코인 시장이 아직 미미한 수준이기는 하지만, 향후 이 시장이 빠르게 성장할 가능성에 대비해야 할

---

119) https://www.fsc.go.kr/no010101/79386?srchCtgry=&curPage=&srchKey=&srchText=&srchBeginDt=&srchEndDt=

120) 금융위원회, [보도설명] 스테이블코인 규율체계 마련을 차질없이 추진해 나가겠습니다. - 매일경제 4월 17일자 보도에 대한 설명
https://www.fsc.go.kr/no010102/84385?srchCtgry=&curPage=&srchKey=&srchText=&srchBeginDt=&srchEndDt=

것으로 생각된다.

특히, 가상자산의 국내 발행(ICO)이 허용되고 블록체인 기반의 지급결제가 일반화된다면, 국내에서도 스테이블 코인의 발행과 사용이 크게 확대될 가능성이 있다. 또한, 은행권에서도 신사업의 일환으로 스테이블 코인의 발행을 검토하는 등 기존 금융기관들도 시장 진입에 관심을 가지고 있다.

이상과 같이 다양한 목적을 가진 경제 주체들의 참가하면서 국내 스테이블 코인 시장이 급성장할 수 있으므로 제도 마련에 착수해야 할 것으로 보인다. 그리고 여기에서는 기본적으로 발행 가능한 스테이블 코인의 유형에 대한 정책 방향을 명확히 할 필요가 있다. 전술한 바와 같이 스테이블 코인은 크게 세 가지 유형으로 나누어 볼 수 있다. 이 중, 지급보장 기제와 안정성 등을 고려할 때 **법화자산 담보형 중심으로 발행을 유도**하는 것이 바람직하다고 판단된다. 알고리즘형의 경우, 준비자산이 명시적으로 존재하지 않아 사용자 보호가 부족하고, 이로 인해 가격 불안이 쉽게 증폭될 수 있어 안정성 측면에서 취약점을 내포하고 있다. 그래서 미국과 EU 등 주요국들은 알고리즘형에 대해 상당히 부정적인 입장을 취하고 있다. 국내에서 알고리즘형의 발행을 직접적으로 제한하지 않을 경우, 제도적으로는 이 유형을 비스테이블 코인으로 분류하고 스테이블 코인이라는 명칭의 사용을 금지하는 것이 바람직하다고 생각된다. 한편, 가상자산 담보형은 과담보(over-collateralization) 등으로 안전장치를 보완하고 있으나 가상자산 가격의 높은 변동성으로 인해 가격 불안과 대량 인출

가능성이 큰 것으로 평가된다. 다만, 가상자산 담보형이 안정성 높은 법화자산형 스테이블 코인을 선별하여 담보로 하는 경우에는 긍정적으로 고려해 볼 여지가 있을 것이다.

스테이블 코인의 사용 범위(기능적인 범위)도 제도 설계에서 중요 고려사항이 되어야 할 것으로 생각된다. 이는 규제의 기술적 중립성과 금융안정 간의 균형을 조절하는 데 있어 기본적인 판단기준이 될 것이다. 스테이블 코인은 가상자산 거래뿐만 아니라, 잠재적으로는 일반 상거래, 금융 및 외환거래에까지 사용되면서 높은 범용성을 가질 수 있다. 스테이블 코인의 사용 범위가 넓어질수록 편의성과 기술혁신 동기가 높아질 수 있겠지만, 금융·경제적 상호연계성이 높아지면서 시스템 리스크가 확대될 소지가 있다. 이러한 점을 고려할 때 개별 스테이블 코인의 사용 범위에 따라 제도적인 안전장치가 차등 적용되어야 할 필요가 있다. 예컨대, 국내 가상자산 거래로만 범위가 한정된 스테이블 코인에는 선불전자지급수단 및 전자화폐 관련 법규, 범위의 제한이 없는 경우에는 은행 부문과 외국환거래 관련 법규가 제도적인 벤치마크가 될 수 있을 것이다. 그리고 EU의 MiCA 규제 법안과 유사하게, 스테이블 코인의 시가 총액 및 거래량 등 규모도 함께 고려하여 예외 및 추가규제 사항을 적용할 필요가 있다.

일부 스테이블 코인에 대해서는 은행 수준의 규제나 예금보험이 적용되지 않아 지급 불이행에 대한 우려가 커질 수 있다. 따라서 해당 스테이블 코인의 경우, 지급 보장기능을 강화하기 위해 엄격한 준비자산 관리와 보완 수단이 뒷받침되어야 할 것이다. 이를 위해 여러 대안을 고려할 수 있겠지만, 현행 규제체계 내에서는 선불전자지급수단에 대한 감독지침을 참고할 수 있을 것으로 판단된다. 금융감독원의 "전자금융업자의 이용자 자금 보호 가이드라인"은 선불전자지급 수단 발행·관리업자가 사용자를 수익자 및 피보험자로 지정하여 선불충전금을 100%를 신탁하거나 지급보증보험에 가입하도록 하였다. 동 지침은 선불충전금이 비부보(예금보험)라는 점 때문에 시행된 예치금 관리 방안으로, 비부보 스테이블 코인에도 적용 가능한 것으로 보인다. 따라서 비부보 스테이블 코인에 대해 지급 의무를 명시하고, 구체적인 준비자산 관리 방안은 해당 지침을 준용하는 방향으로 제도를 설계할 수 있을 것이다.

한편, 스테이블 코인 시장이 크게 확대되어 통화정책의 유효성이 약화될 가능성에도 대비해야 할 필요가 있다. 대형 발행사의 무상지급에 대해서는 추가적인 건전성 규제를 적용함으로써 그 남용과 통화정책과의 상충을 일차적으로는 방지할 수 있을 것으로 생각된다. 즉, 스테이블 코인의 무상지급은 발행사의 자본을 감소시키게 되므로 건전성 규제를 강화함으로써 그 남용을 어느 정도 제한하는 효과가 있을 것이다. 하지만, 동 규제의 실효성이 크지 않을 경우에는 발행사들과 정책당국 간 보완적인 협약을 통해 발행 총량을 직접적으로 관리하는 방안을 고려해 볼 필요도 있다.[121]

---

121) 장보성, "스테이블 코인의 리스크와 정책 과제"///C:/Users/Samsung/Downloads/

제 2 장 외국의 가상자산법

제 1 절 미국의 가상자산법
제 2 절 유럽연합의 가상자산법
제 3 절 일본의 가상자산법

제1절 미국의 가상자산법

1. 미국 가상자산법의 개관

 미국에서도 가상자산에 관한 "2017 Uniform Regulation for Virtual-Currency Business Act", "2019 Revised Fiduciary Access to Digital Assets Act", "Uniform Commercial Code" 등 연방통일법전 제정을 추진해 왔지만, 극소수의 주에서만 입법화되거나 그 적용 범위가 매우 협소하여 큰 성과를 거두지 못하고 있다.[122]

 따라서 미국에서 가상자산에 대한 규제는 증권이나 상품시장 규제를 통하여 이루어진다. 증권형 가상자산을 거래하는 거래소는 증권거래법에 따라 '증권거래위원회'(U.S. Securities and Exchange Commission, SEC)로 등록하거나 '대체거래소'(Alternative Trading System, ATS)의 규정을 준수하여야 한다.[123]

---

[122] 법무부, 『민사법상 가상자산 관련 입법 개선방안 연구』(2022), 113면.
[123] 안현수, 『가상자산법』(2024), 28면.

그러나 2022년 미국에서 암호화폐 거래소 파산사태가 잇따르면서 암호화폐 시장에 대한 개혁의 필요성이 제기되어 최근 많은 법률이 제안되어 의회에서 심의 중에 있다.

2. 은행비밀보호법(Bank Security Act, BSA)

이 법은 처음 1970년 미국 의회에서 통과하여, **1970년 10월 26일** 리처드 닉슨 대통령이 서명하여 법률로 제정하였다. 주목적은 범죄자가 자금을 세탁하거나 범죄수익을 은닉하는 것을 방지하기 위하여 미국 정부기관이 금융기관에 대하여 자료를 요청할 수 있는 권한을 부여하기 위한 것이다.

이 법의 제정후, 여러 단체들이 법원에 이 법이 위헌이라는 판결을 내려야 한다고 주장하며, 부당한 수색 및 압수에 대한 수정 헌법 제4조 권리와 적법 절차에 대한 수정 헌법 제5조 권리를 모두 침해한다고 주장하였다. 여러 사건이 병합되어 제기된 사건[124]에서 대법원은 헌법을 위반하지 않는다고 판결하였다. 1980년대까지는 "장기간 반응이 없었지만", 결국 금융기관들은 BSA의 보고요건을 준수하였다.

이 법은 제정후 수차 개정되었는데, 그중에는 미국 애국법 제3편 조항이 포함되어 있다. 이 규정은 금융기관이 내부 정책, 절차 및 통제를 수립하고, 규정 준수 책임자를 지정하고,

---

124) California Bankers Assn. v. Shultz, 416 U.S. 21 (1974)

지속적인 직원 교육을 제공하고, 독립적인 감사를 통해 프로그램을 테스트함으로써 **자금세탁 방지 프로그램**을 구축하도록 요구하기 위한 것이다.125)

이 법의 제정후 미국 재무부 산하의 **"금융범죄 단속 네트워크"**(Financial Crimes Enforcement Network, FinCEN)는 이 법에 따른 자료를 적극 활용하여 범죄 의심행위를 추적하여 기소하고 있다. 그리고 2013년 3월 8일에는 가상통화를 관리, 교환, 사용하는 자에 대한 규제 입장을 정리한 가이드라인을 발표하였다.126)

3. 디지털자산 시장구조 및 투자자 보호법(안)

(Digital Asset Market Structure and Investor Protection Act)

2021년 7월 28일 민주당 Don Beyer 하원의원이 이 법안을 발의하였는데, 현재 입법을 위한 심의 중이다. 이 의원은 발

---

125) 2018년에는 「불법 예술품 및 유물 밀매 방지법」(IAATP)이라는 또 다른 개정안을 포함하려는 시도가 있었다. 이름에서 알 수 있듯이, 이 법의 목적은 세계에서 자금세탁율이 가장 높은 미국에서 예술품의 불법밀매를 제한하는 것이었지만, 미국 하원을 통과하지 못하였다. 그 이유는 IAATP의 목표가 BSA의 목표와 직접적으로 일치하지 않았기 때문이다. 루크 메서 하원의원은 BSA는 테러리스트 자금조달을 차단하고 ISIS와 같은 테러조직을 단속하기 위하여 이 법안을 발의하였다고 하였다.

126) 정 대, "미국의 디지털자산 규제동향과 은행의 디지털자산 관련 업무"(2023), 15면.

의 취지를 다음과 같이 밝히고 있다.

이 법안은 디지털 자산을 기존 금융 규제 구조에 통합하여 소비자를 보호하고 혁신을 촉진하는 내용을 담고 있다.

디지털 자산 부문의 혁신은 매일 새로운 상품과 서비스를 창출하고 있으며, 수많은 고품질 일자리도 창출하고 있다. 미국은 이러한 혁신과 성장을 촉진하는 법적 및 규제적 환경을 제공해야 한다. 디지털 자산과 블록체인 기술은 큰 가능성을 지니고 있으며, 비트코인과 이더리움과 같은 자산은 앞으로도 계속 존재할 것이 분명하다. 안타깝게도 현재의 디지털 자산 시장구조와 규제체계는 모호하고 투자자와 소비자에게 위험하다. 디지털 자산 보유자들은 수년간 만연한 사기, 절도, 그리고 시장 조작에 시달려 왔지만, 의회는 지금까지 업계 전문가와 연방규제당국의 포괄적인 법적 체계 구축 요청을 무시해 왔다. 우리의 법은 시대에 뒤떨어져 있으며, 제 법안은 디지털 자산 보유자와 투자자들에게 기본적인 보호를 제공하기 위해 오랫동안 기다려온 법률 개정 과정을 시작할 것이다.

2008년 말 비트코인이 도입된 이후, 디지털 자산은 기술적 호기심을 자극하는 것에서 수백만 명의 일반 미국인이 사용하는 금융상품으로 진화했다. 현재 11,000개 이상의 디지털 자산 토큰이 존재하며, 시가총액은 1조 5천억 달러가 넘는다. 약 2천만 명에서 4천 6백만 명의 미국인이 비트코인과 기타 디지털 자산을 보유하고 있으며, 그 수는 계속 증가할 것으로 예상된다. 대형기관투자자가 아닌 일반 미국인인 이러한 디지털 자산 시장 참여자 중 다수는 거래 플랫폼 해킹으로 인한 도난 피해를 입었거나, 폰지 사기와 같은 심각한 시장 조작이나 사기에 노출되었다.

디지털 자산은 자금세탁 및 기타 불법적인 목적으로도 널리 사용되었다. 예를 들어, 2021년 5월, 미국 동부 지역 대부분에 휘발유를 공급하는 콜로니얼 파이프라인(Colonial Pipeline)의 컴퓨터 시스템이 해킹당하여 랜섬웨어 공격에 주로 사용되는 비트코인으로 440만 달러의 몸값을 지불해야 했다.

우리 경제에서 비트코인을 비롯한 디지털 자산의 중요성이 빠르게 커지고 있음에도 불구하고, 디지털 자산 시장을 규제하거나 시장 참여자를 보호하기 위한 포괄적인 법적 체계는 존재하지 않는다. 이 법은 디지털 자산에 대한 법적 및 규제적 확실성을 제공함으로써 혁신과 미국 일자리를 촉진하고, 미국 개인 투자자와 기타 소비자에게 기본적인 투자자 보호를 제공하며, 거래 보고 및 투명성을 개선하고, 디지털 자산 처리와 관련된 은행 비밀 유지법 요건을 강화하며, 디지털 자산 부문의 미국 투자자를 보호할 것이다.

이 법안의 구체적인 내용은 다음과 같다. 디지털 자산 및 디지털 자산 증권에 대한 법적 정의를 규정하고, **증권거래위원회**(SEC)에 디지털 자산 증권에 대한 권한을 부여하고, **상품선물거래위원회**(CFTC)에 디지털 자산에 대한 권한을 부여한다. SEC/CFTC의 공동 규정 제정을 통해 디지털 자산 시장 상위 90%(시가총액 및 거래량 기준)에 대한 규제 상태에 대한 법적 확실성을 제공한다.

공개적으로 분산된 원장에 기록되지 않은 디지털 자산 거래는 사기 가능성을 최소화하고 투명성을 증진하기 위해 등록된 디지털 자산 거래 저장소에 24시간 이내에 보고하도록 한다. 은행비밀보호법(BSA)에 따라 "통화 수단"의 법적 정의에 디지털 자산 및 디지털 자산 증권을 명시적으로 추가하여 자금세탁 방지, 기록 보관 및 보고 요구 사항을 준수하기 위한 디지털 자산 및 디지털 자산 증권에 대한 규제 요구 사항을 공식화한다.

연방준비제도이사회에 미국 달러의 디지털 버전을 발행할 수 있는 명확한 권한을 부여하고, 디지털 자산, 디지털 자산 증권 및 법정 통화 기반 스테이블코인이 미국 법정통화가 아니라는 점을 명확히 하며, 미국 재무부 장관에게 미국 달러 및 기타 법정통화 기반 스테이블코인을 허용하거나 금지할 수 있는 권한을 부여한다.

연방예금보험공사(FDIC), 전국신용조합관리국(NCUA), 증권투자자보호공사(SIPC)에 디지털 자산 또는 디지털 자산 증권의 "비보장"에 대한 소비자 권고를 발행하도록 지시하여 소비자가 은행 예금이나 증권과 동일한 방식으로 보험이나 보호를 받지 못한다는 사실을 알도록 한다.

FinCEN[127], SEC 및 CFTC에서 자금 서비스 사업체로 등록해야 하는 사람과 증권 또는 상품 거래소로 등록해야 하는 사람을 구분하는 기준을 명확히 하도록 요구한다.[128]

---

127) 금융범죄단속네트워크(Financial Crimes Enforcement Network)

4. 책임있는 금융혁신법(안)

(Lummis-Gillibrand Responsible Financial Innovation Act, RFIA)

가. 시대적 변화의 반영

2022년 6월 7일, 공화당 Cynthia Lummis 상원의원과 민주당의 Kirsten Gillibrand 상원의원이 이 법안을 공동 발의한 후 2023년 7월 12일, 위 양 의원은 일부 소비자 보호 규정을 수정하여 재발의하였으며, 현재 입법을 위한 심의 중이다.

재발의된 이 법안의 "강화된" 접근 방식은 미국 의회의 우선순위를 명확히 하고, 나아가 관심을 기울여야 할 분야를 명확히 한다. 이 법안은 연방 규제 기관의 역할, 특정 자산의 분류 및 그에 따른 제한, 그리고 이러한 자산과 기존 자금세탁방지 및 조세 제도의 상호 작용을 둘러싼 업계의 불확실성을 다룬다.

2022년 법안초안과 비교했을 때, 2023년 법안은 특히 2022년 암호화폐 거래소 파산사태가 잇따른 것을 고려하여 변화하는 암호화폐 시장에 적응하기 위한 개정 내용을 반영하였다. 특히, 2022년 법안초안과 크게 다른 점을 정리하면 다음과 같다.

---

128) https://beyer.house.gov/news/documentsingle.aspx?DocumentID=5307

암호화폐에 대한 증권거래위원회(SEC)와 상품선물거래위원회(CFTC)의 관할권을 명확히 구분하고, 소비자 보호 및 시장 무결성 기관을 설립한다. 암호화 자산 중개자와 지불 스테이블코인 발행자 모두에 대한 소비자 보호 원칙에 근거한 실질적인 규정을 제공한다. 불법 자금조달을 퇴치하는 것을 우선시한다. 연방 세법을 개정하여 암호화폐 자산과 증권 거래를 보다 정확하게 반영한다.

나. 변경된 연방규제 프레임워크

(1) CFTC와 SEC의 관리 역할 명확화

현재 초안대로 법안은 암호자산 및 암호자산중개자 규제를 위한 새로운 연방 프레임워크를 제안한다. 이 프레임워크는 필요한 법적 권한을 제공하고, 기관이 규칙 제정에 참여하도록 지시하며, 고객 보호 및 시장 무결성 기관이라는 개념을 도입함으로써 **CFTC와 SEC의 관리 역할**을 명확히 하고 차별화하는 데 주력한다. 이러한 조항은 특정 자산이 증권인지 여부를 판단하는 것이 암호자산 및 관련 기관의 규제 기관, 제한 및 의무를 결정하기 때문에 이러한 기관에 상당한 영향을 미칠 것이다.

CFTC의 암호화폐를 포함한 현물 시장 상품에 대한 기존 법적 권한은 해당 시장의 사기 및 조작에 대한 집행 권한에 국한되어 있다. 그러나 CFTC의 규제 권한은 파생상품 시장

(예: 선물 및 스왑)에 국한된다. 현재 초안대로라면, 법안은 CFTC에 암호화폐 발행자, 암호화폐 자산 및 암호화폐 시장의 다른 측면을 포함한 현물 암호화폐 시장을 규제할 법적 권한을 부여하며, SEC의 역할은 제한적이지만 명확하게 규정하였다.

(2) CFTC의 권한

(가) 현물 시장 관할권

이 법안은 CFTC에 증권으로 정의되지 않은 모든 상업적으로 대체 가능한 암호자산에 대한 현물 시장 관할권을 부여한다. 여기에는 내생적으로 참조되는 암호자산(일반적으로 "알고리즘 스테이블코인"이라고 함)이 포함되지만 이러한 자산은 스스로를 스테이블코인이라고 부를 수 없다. 특히 CFTC는 아래에서 자세히 설명하겠지만 스테이블코인을 규제하지 않다. 이는 CFTC가 현물 시장 상품 클래스에 대해 광범위한 관할권을 갖는 첫 번째 사례이다. 이 법안은 CFTC에 보조 자산을 포함한 암호자산의 판매와 관련된 모든 계약, 계약 또는 거래에 대한 독점 관할권을 부여한다. 특히 이 법안은 CFTC의 관할권을 증권이 아니고 상업적으로 대체 가능한 암호자산으로 제한하는 것 외에도 디지털 수집품 및 기타 고유한 암호자산을 CFTC의 관할권에서 제외한다. 따라서 이 법안은 CFTC 관할권 범위 밖에 있는 많은 대체불가능한 토큰(NFT)을 분리한다. 그럼에도 불구하고, 이 광범위한 관할권은

CFTC를 주요 암호화폐 규제 기관으로 자리매김했다.

(나) 암호자산 거래소

이 법안은 "암호자산 거래소"를 최소 하나의 암호자산 거래를 위해 상장된 거래 시설로 정의한다. 암호자산 또는 지불 스테이블코인 시장을 제공하려는 모든 거래 시설은 진정으로 분산화된 프로토콜을 제외하고 CFTC에 등록해야 한다. 이 법안은 각 암호자산 거래소에 자체 규칙을 수립하고 시행하여 조작에 취약하지 않은 자산만 보장하고 고객 자산의 안전을 보호하도록 지시한다. 또한 각 암호자산 거래소는 고객 자산과 거래소 자산을 분리해야 한다.

이 법안에 따라 CFTC는 등록된 암호자산 거래소에 대한 새로운 규제 감독 권한을 갖게 됩니다. 암호자산 거래소는 자기자본 거래(proprietary trading)를 수행하는 것이 금지되어 있지만, CFTC는 허용되는 시장 조성에 대한 기준을 수립하기 위한 규칙 제정에 참여할 수 있다. 또한, 암호자산 거래소의 지배권 변경으로 인해 개인이나 단체가 25% 이상의 지분을 취득하는 경우, CFTC의 승인을 먼저 받아야 한다.

(다) 적용 대상 계열사

이 법안에 따르면 "적용 대상 계열사"는 CFTC가 결정한 사실 및 상황의 총체를 기준으로 상품거래소법에 따라 등록된 법인과 실질적인 법적 또는 재정적 관계가 있는 사람을 의미하며, 이 법인은 주로 암호자산 활동에 종사한다. 이 법안은 CFTC가 적용 대상 계열사에 대한 조사를 명령하고 적용 대상 계열사가 등록된 법인에 서비스를 제공하거나 등록된 법인과 법적 관계 또는 특정 거래를 체결하는 것을 제한할 수 있는 권한을 부여한다.

(라) 자체 호스팅 지갑에 대한 위험 관리 표준

이 법안은 또한 CFTC에 자금세탁 방지, 고객 식별, 그리고 선물거래 중개업체와 거래하는 자체 호스팅 지갑에 대한 제재와 관련된 위험 관리 기준을 채택하는 규칙을 제정하도록 지시했다. "자체 호스팅 지갑"이란 암호화폐 자산을 보호하고 이체하는 데 사용되는 디지털 인터페이스를 의미하며, 자산 소유자는 해당 인터페이스를 통해 보호되는 방식으로 독립적인 통제권을 보유한다.

(3) SEC의 역할

이 법안은 CFTC를 대부분의 암호자산에 대한 주요 연방 규제 기관으로 규정하지만, 증권거래위원회(SEC)는 증권인 디지털 자산에 대한 관할권을 갖는다. 해당 디지털 자산이 자산 보유자에게 부채 또는 지분권, 청산권, 배당금 지급권, 또는 사업체에 대한 기타 재정적 이익을 제공하는 경우, 해당 자산은 CFTC의 관할권이 적용되는 "암호자산" 또는 "부수적 자산"으로 취급되지 않고 SEC의 관할권이 적용된다.

특히, 디지털 자산을 암호자산으로 취급해야 하는지 여부에 대한 갈등이 발생하는 경우 이 법안은 DC순회항소법원에 자산이 사업체에 대한 재정적 이익을 나타내는지 여부에 따라서 증권인지 여부를 결정하여 갈등을 해결할 수 있는 권한을 부여한다. 이 법안은 어느 당사자가 갈등을 DC순회항소법원에 제기해야 하는지에 대해 언급하지 않는다.

이러한 조항들은 현행 금융감독법에서 크게 변화한 것으로, 이전 버전보다 더 명확한 규제 체계를 마련하려는 시도이다. 현재 초안대로라면 SEC는 주요 디지털 자산 규제 기관의 역할은 수행하지 않지만, 특정 자산을 증권으로 취급하고 CFTC가 주장하는 다른 자산에 대한 관할권에 이의를 제기할 권한은 여전히 보유하게 됩니다. 현재처럼 공격적인 SEC는 이 권한을 활용하여 암호화폐 규제에서 주도적인 역할을 유지할 수 있다.

(4) 고객 보호 및 시장 무결성 기관

현재 초안대로 법안은 SEC와 CFTC가 공동으로 설립한 암호화폐 중개업체를 위한 **자율규제기관**(self-regulatory organization, SRO)인 고객보호 및 시장 무결성 기관(Authority)을 설립한다. 기관의 회원 자격은 암호화폐 중개업체로만 제한한다. 기관은 암호화폐 중개업체를 규제, 감독 및 징계하는 업무를 담당하며, 본질적으로 자체 규제 기관의 역할을 하지만 이 법안은 이를 자체 규제 기관으로 정의하지 않는다.

이 법안에 따라 기관은 13명으로 구성된 이사회를 다음과 같이 배정받아야 한다. 3명의 정부 이사(CFTC 금융혁신 사무소 이사, SEC 금융혁신 사무소 이사, FinCEN 이사), 대통령이 임명한 4명의 독립 이사, 기관 회원이 임명한 6명의 이사 등이다. 금융업계에서 SRO는 새로운 개념이 아니다. 전미선물협회(National Futures Association)는 파생상품 산업의 여러 측면을 감독하고, 금융산업규제청(Financial Industry Regulatory Authority, FINRA)은 증권 산업의 여러 측면을 감독한다. 실제로 암호화폐 상품이나 암호화폐 증권의 중개자는 이미 이러한 SRO 중 하나에 가입해야 한다. 암호화폐를 위한 특별 SRO를 설립하는 것은 암호화폐 중개자에게 별도의 비용을 부과할 뿐만 아니라, 새로운 SRO와 기존 SRO의 요건이 불필요하게 중복될 위험이 있다.

다. 암호화폐 중개자 및 스테이블코인 발행자에 대한 실질적 규제

(1) 규제 대상

 이 법안은 기관들이 규칙 제정에 참여할 수 있는 새로운 연방 법률 체계를 제안하는 것 외에도 구체적인 제한과 의무를 제시한다. 특히 이러한 실질적인 요건은 소비자 보호라는 이상에 부합하며, 특히 암호화폐 자산 중개기관과 스테이블코인 발행자를 대상으로 한다.

(2) 소비자 보호

(가) 암호화폐 거래소 파산사건의 영향

이 법안의 새로운 명시된 목적은 "암호화폐 자산을 규제 범위 내로 가져오기 위해 소비자 보호와 책임 있는 금융 혁신을 제공하는 것"이다. 소비자 보호에 대한 이러한 새로운 초점은 이 법안의 조항 전반에 걸쳐 나타나며 2022년 암호화폐 거래소 파산사건의 여파에 영향을 받았을 가능성이 높다.

(나) 준비금 요건 증명

이 법안은 모든 암호자산 중개자가 고객이 중개자에게 보관하거나 다른 방식으로 안전하게 보관하도록 제공된 모든 암호자산에 대한 암호학적으로 검증 가능한 소유 또는 통제를 입증하는 시스템을 유지해야 한다고 규정한다. 시스템은 운영 또는 사이버 보안 위험으로 이어질 수 있는 고객 데이터, 독점 정보 및 기타 데이터의 공개로부터 보호되어야 한다.

암호자산 중개자는 보관 중인 모든 암호자산의 소유 또는 통제를 확인하기 위해 독립적인 공인 회계사를 고용해야 한다. 이 검증에는 시스템 검사가 포함되어야 하며 사전 통지 없이 독립적인 공인 회계사가 선택한 시간에 진행되어야 한다. 회계사가 중대한 불일치 사항을 발견하면 해당 규제 기관 및 당국에 1일 이내에 알려야 한다.

(다) 허용되는 거래

 이 법안은 각 암호자산 중개자가 고객 계약에서 고객의 암호자산과 관련하여 수행할 수 있는 허용 거래 범위를 명확하게 공개해야 한다고 규정한다. 또한 각 암호자산 중개자는 각 고객에게 명확한 통지를 제공하고 다음 사항에 대한 확인을 요구해야 한다. ① 고객 암호자산이 다른 고객 자산과 분리되는지 여부 및 분리 방식, ② 고객의 암호자산이 파산 또는 지불 불능 상황에서 처리되는 방식 및 손실 위험, ③ 중개자가 요청 시 고객의 암호자산을 반환해야 하는 기간 및 방식, ④ 고객에게 부과되는 해당 수수료, ⑤ 중개자의 분쟁 해결 절차 등이다.

(라) 대출

 이 법안은 암호자산 중개자가 대출 서비스를 제공하기 전에 고객에게 **대출 약정을 공개**해야 하며, 여기에는 부실 발생 시 고객 자산의 파산 처리 가능성도 포함되어야 한다고 규정하고 있다. 모든 대출 약정에서 암호자산 중개자는 중개자가 고객 암호자산 또는 기타 담보의 제공 실패를 허용하는지 여부와 제공 실패 시 실패를 해결해야 하는 기간을 공개해야 한다. 특히 이 법안은 암호자산 중개자가 암호자산을 재담보하는 것을 명시적으로 금지한다. 이 마지막 조항은 고객에게 알리지 않고 고객의 암호자산을 재담보한 FTX[129]의 붕괴에서 비롯되었다. 이러한 금지는 암호 중개자가 기존 대출 기관에 비해 불리할 것입니다. 기존 금융에서 대출 기관은 재담보를 통해 자체적인 용도로 신용을 확보하고 자체적인 목표를 추구한다. 암호 중개자에 대한 금지는 자체적인 목적으로 유사한 위험을 감수하는 능력을 제한할 것이다.

(3) 스테이블코인

(가) 발행 규제

현재 초안된 법안에 따르면, 예치기관 또는 그 자회사가 아닌 다른 기관은 지불 스테이블코인을 발행할 수 없다. 이는 현재 스테이블코인 발행자에게 영향을 미칠 가능성이 있으며, 이 중 다수는 예치기관이 아니다.

"지불 스테이블코인"이라는 용어는 분산원장에 표시된 청구권을 의미하며, 이는 다음과 같다. 미국 달러로 표시된 상품에 대해 수요에 따라 일대일 기준으로 상환 가능하고, 사업체에서 발행하며, 발행자가 자산을 발행자 또는 다른 사람에게서 상환할 수 있다는 진술이 첨부되고, 다른 암호자산을 제외한 하나 이상의 금융자산으로 뒷받침되며, 교환매체로 사용

---

129) 세계 3위 이내의 암호화폐 거래소였는데, 회사 유동성에 의문이 제기된 후 2022년 11월 7일 자사 토큰인 FTT 투매 현상이 일어났으며, 당시 회사 부채는 원화로 최대 66조 2천억 원에 이르러 결국 미 연방파산법 제11장 회생절차를 신청하였다; https://namu.wiki/w/FTX%20%ED%8C%8C%EC%82%B0

되도록 한 것이다.

예금기관은 관련 연방은행기관 또는 주은행 감독기관에 스테이블코인 발행 신청서를 제출하여 발행을 신청해야 한다. 연방은행기관 또는 주은행 감독기관은 지급 스테이블코인이 안전하고 건전한 방식으로 운영될 가능성이 낮거나, 예금기관이 스테이블코인을 관리할 자원과 전문성이 부족하거나, 예금기관이 스테이블코인과 관련된 필수 정책 및 절차를 갖추고 있지 않은 경우를 제외하고는 신청서를 승인해야 한다.

현재 스테이블코인 발행자가 비예금신탁회사 헌장 또는 암호화폐 활동에 참여하는 사람만 취득할 수 있는 주 라이선스를 보유하고 있는 경우, 스테이블코인 발행자는 예금기관으로서 헌장을 받고 지불 스테이블코인을 발행하기 위한 신청을 통해 사실상 "줄을 서지 않고" 진행할 수 있다. 이러한 신청은 아직 검토 중이지만 다른 기관의 신청보다 먼저 검토될 것이다.

승인되면 발행 예금기관은 지불 스테이블코인이 미국 정부에 의해 보장되지 않으며 연방예금보험공사에 의한 예금보험의 대상이 아니라는 사실을 고객에게 명확하게 공개해야 한다. 지불 스테이블코인은 보장이나 보험이 적용되지 않지만 발행 예금기관이 관리인에 의해 관리되는 경우 지불 스테이블코인에 대한 유효한 청구권이 있는 사람은 발생한 예금에 대한 청구를 포함하여 필요한 지불 스테이블코인 자산과 관련하여 해당 기관에 대한 모든 다른 청구보다 우선권을 가질 자격이 있다.

(나) 제한

이 법안은 스테이블코인을 허용된 거래에만 사용할 수 있도록 규정하고 있다. 지불 스테이블코인 환매 요청에 대한 합리적인 기대치를 충족하기 위한 유동성 확보 목적 외에는 스테이블코인을 담보로 제공, 재담보 또는 재사용할 수 없다.

또한 이 법안은 어떤 자산이 "결제 스테이블코인" 또는 "스테이블코인"이라는 용어를 적절하게 사용할 수 있는지 제한한다. 내생적으로 참조되는 암호자산은 광고 마케팅 자료에서 결제 스테이블코인 또는 스테이블코인이라는 용어를 사용할 수 없다. 내생적으로 참조되는 암호자산은 고정된 금액의 금전적 가치로 전환, 상환 또는 재매수되는 자산 또는 그러한 전환, 상환 또는 재매수를 달성하는 메커니즘이 존재하는 자산, 그리고 고정된 금액의 금전적 가치를 유지하기 위해 다른 암호자산에만 의존하거나 고정된 금액의 금전적 가치를 유지하기 위해 알고리즘적 수단에 의존하는 자산입니다.

라. 불법 자금 조달 방지

(1) 불법 자금조달 방지를 위한 조치

현재 초안대로라면 법안에는 암호화폐 ATM에 대한 감독 강화부터 정부 기관 전반에 걸쳐 불법 자금 조달을 근절하기 위한 노력 증대까지, 불법 자금조달 위험을 퇴치하기 위한 새로운 조항이 포함되어 있다.

(2) 암호화폐 ATM

이 법안은 불법 금융을 근절하기 위한 새로운 제도를 제공한다. 특히, RFIA는 금융범죄단속망(FinCEN)에 암호화폐 키오스크 소유주에게 소유 또는 운영하는 키오스크의 실제 주소를 제출하고 업데이트하도록 요구하도록 지시한다. 또한 FinCEN은 암호화폐 키오스크 소유주와 관리자에게 정부 발급 신분증을 사용하여 각 키오스크 고객의 신원을 확인하도록 요구해야 한다. 이러한 조항은 암호화폐 업계에서 강하게 비판을 받아 온 엘리자베스 워런(매사추세츠주 민주당) 상원의원이 발의한 또 다른 법안의 조항과 유사한다.

(3) 금융 기술 워킹 그룹

이 법안은 재무부 장관, FinCEN, 국세청, 외국자산통제국, 연방수사국, 마약단속청, 국토안보부, 미국 비밀경호국, 국무부 및 금융기술 회사, 분산원장 정보 회사, 금융기관, 연구기관을 대표하는 5명의 개인으로 구성된 테러리즘 및 불법자금조달 방지를 위한 독립금융기술실무그룹을 설립한다.

독립 금융 기술 실무 그룹은 광범위한 권한을 가지고 있으며 테러리스트와 새로운 금융 기술의 불법 사용에 대한 독립적인 연구를 수행하고, 암호자산과 신기술이 미국의 금융

혁신에서 국가 안보와 경제 경쟁력을 어떻게 강화할 수 있는지 분석하고, 미국에서 자금 세탁 방지, 테러 방지 및 기타 불법 자금 조달 노력을 개선하기 위한 입법 및 규제 제안을 개발하는 업무를 담당한다.

마. 세금 관련 영향

현재 초안대로 법안은 암호자산에 대한 대체 세금 처리를 제안한다. 총 소득에는 현금 또는 현금 등가물, 납세자가 거래 또는 사업을 활발하게 수행하는 데 사용하는 재산, 납세자가 소득 창출을 위해 보유한 재산을 제외하고 암호자산의 판매 또는 교환으로 인한 이득은 포함되지 않다. 특히 이러한 판매 또는 교환의 가치가 200달러를 초과하거나 총 이득이 300달러를 초과하는 경우에는 이러한 제외가 적용되지 않다. 결론적으로 이 제외는 소액의 암호로 거래하는 소비자가 거액으로 거래하는 소비자와 동일한 유형의 세금 책임에 직면하지 않도록 보장한다.

이 법안은 또한 세탁 판매에서 손실 공제를 허용하지 않는다. 특정 자산의 판매 또는 기타 처분으로 인해 발생한 손실에 대해서는 해당 판매 또는 기타 처분일로부터 30일 전부터 해당 날짜로부터 30일 후까지의 기간 내에 납세자가 실질적으로 동일한 특정 자산을 취득했거나 실질적으로 동일한 특정 자산에 대한 취득 계약 또는 옵션, 또는 장기 명목 원금 계약을 체결한 것으로 나타나는 경우 공제가 허용되지 않는다.

현행법에 따라 이러한 제한은 증권거래에 적용된다. 따라서 암호자산이 이 법안의 나머지 조항에 따라 상품이더라도 이 경우에는 여전히 증권으로 취급된다.

바. 결론

앞에서 언급한 바와 같이, 이 법안은 암호화폐 산업에 적용되는 규제, 제한 및 보호 조치와 관련된 특정 업계의 문제점을 해결하는 것을 목표로 한다. 그러나 이 법안 내 개정된 조항의 효과는 아직 검증되지 않았으며, 업계가 해결해야 할 몇 가지 심각한 문제점을 제기할 수 있다.

결제 스테이블코인을 발행하기 위해 예금기관이 되어야 하는 의무는 많은 핀테크 산업 참여자들에게 상당한, 어쩌면 극복하기 어려운 부담이 될 것이다. 현재 미국에는 예금기관인 스테이블코인 발행자가 단 한 곳도 없다. 금융감독청의 조항은 기존 스테이블코인을 하룻밤 사이에 금지하고 모든 발행자를 연방 및 주 은행 규제 기관의 규제, 감독 및 집행 권한에 종속시킬 수 있다.

더욱이, 법정화폐 기반 스테이블코인은 본질적으로 100% 준비금을 필요로 하는 반면, 은행은 부분 준비금에 기반한 사업 모델로 운영됩니다. 이처럼 확연히 다른 사업 모델과 활용 사례는 스테이블코인이 은행에 수용될 수 있을지에 대한 의문을 제기한다. 이러한 점들은 입법 과정을 통해 모든 업계 이해관계자와 정책 입안자들 사이에서 심도 있는 논의

가 필요할 것입니다.

이 법안은 사실상 CFTC를 거의 모든 암호자산, 암호자산 거래소 및 그 계열사에 대한 주요 연방 규제기관으로 간주한다. 업계는 이러한 규제체계를 환영할 수 있지만, 우리는 증권인 디지털 자산에 대한 관할권은 여전히 유지하고 있으며 공격적인 증권거래위원회(SEC)에서 규제기관으로의 원활한 이양을 원하지 않는다. 각 기관이 이 법안에 따른 적절한 분류 기준을 마련하고 잠재적으로 새로운 규제기관에 적응하기 위해 노력함에 따라, 경쟁 기관들 간의 마찰이 업계에 발생할 수 있다.130)

5. 디지털상품 소비자 보호법(안)

(Digital Commodities Consumer Protection Act of 2022, DCCPA)

2022년 8월 3일, 민주당의 Debbie Stabenow 상원의원과 공화당 John Boozzman 상원의원이 이 법안을 공동 발의하였는데, 현재 입법을 위한 심의 중이다. 이에 관한 보고서를 소개한다.

단 일주일 만에 세계 2위 암호화폐 거래소였던 FTX는 파산 직전까지 몰렸다. 이 사태의 여파가 암호화폐 업계 전반에 걸쳐 확산되고 있는 가운데, FTX의 갑작스러운 붕괴는

---

130)https://www.gibsondunn.com/lummis-gillibrand-responsible-financial-innovation-act-an-overview-of-new-provisions-in-the-reintroduced-bill/

오랫동안 규제의 무법지대로 여겨져 법의 부재 속에서만 번영해 온 시장의 실상을 여실히 드러낸다.

이번 위기는 FTX 설립자 샘 뱅크먼-프리드가 지지했다는 주장이 제기된 최근 법안에 사람들의 관심을 끌고 있다. 2022년 8월 3일, 데비 스테이브노 상원의원(민주당-미시간)과 존 부즈먼 상원의원(공화당-아칸소)은 상원 농업위원회에 2022년 「디지털 상품 소비자 보호법」(DCCPA)을 발의했다. 의회에서 심의 중인 일련의 암호화폐 법안 중 가장 최근의 노력인 이 법안은 새롭게 정의된 "디지털 상품"이라는 용어를 중심으로 포괄적인 감독체계를 구축하고자 한다. 이를 통해 상품선물거래위원회(CFTC)를 중심으로 암호화폐 산업에 대한 실질적인 감독체계를 구축하고자 한다.

암호화폐 규제에 대한 모든 격렬한 논쟁 중에서 주목을 받는 것은 CFTC와 증권거래위원회(SEC) 간의 "암호화폐 현물 규제기관"의 역할을 둘러싼 지속적인 분쟁일 것이다. 그러나 이 법안은 이 문제를 더 명확하게 다루지 않았다. 이 법안은 암호화폐에 대해 "디지털 상품"이라는 새로운 용어를 만들어냈는데, 이는 "중개자에 대한 필수적인 의존 없이 개인 간에 소유하고 양도할 수 있는 개인 재산의 대체 가능한 디지털 형태"를 의미한다.

특히 이 법안은 디지털 상품에서 증권을 명시적으로 제외한다. 이러한 배타적인 접근 방식은 이 법안의 관할권을 파악하는 데 상당한 모호성과 불확실성을 야기할 수 있다. 제품이 증권을 구성할 수 있는지 여부는 주로 SEC가 Howey

테스트를 적용하여 재량에 달려 있기 때문이다.

대법원의 선구적 의견에서 정의한 바와 같이 Howey 테스트에 따른 증권이 갖추어야 하는 요건은 ① 자금 투자, ② 공동 기업에 대한 투자, ③ 합리적인 이익 기대, ④ 타인의 노력으로만 창출된 것 등이다. 이 네 가지 요건을 모두 충족하는 모든 암호화폐는 증권이며, 예외 조항이 없는 한 해당 토큰 발행자는 증권 상품과 관련된 엄격한 SEC 요건을 준수해야 한다. 특히, 이 법안은 CFTC에 등록된 디지털 상품 플랫폼이 SEC에도 등록될 수 있음을 명시적으로 규정하고 있다. 즉, 암호화폐는 디지털 상품 또는 증권으로 인정되지만, 플랫폼이 두 가지를 동시에 운영할 수도 있다.

기존 감독체계에 크게 의존하는 다른 최근 법안들과 달리, 이 법안은 디지털 상품에 기반한 새로운 프레임워크를 구축할 것을 제안한다. 이 새로운 프레임워크에는 모든 디지털 상품 브로커, 보관기관, 딜러 및 거래 시설, 또는 통칭하여 "디지털 상품 플랫폼"에 대한 CFTC 등록이 포함된다. 디지털 상품 플랫폼의 경우, 이 법안에 따른 등록은 의무적이며, 이를 준수하지 않을 경우 상품거래법(CEA) 위반으로 간주된다. 등록 상태를 유지하려면 디지털 상품 플랫폼은 "핵심 원칙"을 지속적으로 준수해야 한다.

이러한 원칙은 활동 기록 유지, 상충 확인 실행, 고객 자산 분리, 위험 식별 프로그램 수립, 비상 절차 및 투명한 거버넌스 체계 구축부터 최고준수책임자(CCO) 지정, 준법 정책 및 연간 준법 보고서 작성에 이르기까지 디지털 상품 플랫폼의 일상 운영의 여러 측면에 영향을 미친다.

연방 차원의 노력인 이 법안은 자금 전송, 가상화폐 및 상품 브로커와 관련된 주법에 따른 모든 등록 요건을 우선적으로 충족한다는 선점 조항을 포함하고 있다. 또한 모든 디지털 상품 브로커, 보관기관 및 딜러는 등록된 선물 협회를 설립하고 가입해야 하며, 이 협회는 CFTC 위임에 따라 특정 등록 기능을 담당하게 된다.

집행 측면에서, 이 법안은 CFTC가 선물 계약 시장 규제를 위한 기존 툴킷을 활용하여 디지털 상품 거래까지 확장할 수 있도록 허용한다. 이러한 툴킷에는 예를 들어 CEA의 워시 트레이드, 스푸핑, 기타 사기적 장치 및 계획 금지와 관련된 집행 권한이 포함된다. 집행과 마찬가지로 중요한 것은 등록 수수료에 대한 제안된 조치이다. CFTC가 디지털 상품 플랫폼 등록 및 디지털 상품 거래 감독에 대한 수수료를 평가하고 징수하도록 요구하는 이 감독 모델은 자체 자금 조달을 위해 설계되었다. 당연히 이 법안은 여러 측면에서 반발에 직면해 있다. 암호화폐 기업들은 "디지털 상품"에 대한 정의가 협소하고 CFTC와 SEC의 관할권을 명확히 하는 데 있어 충분하지 않다고 비판했다.

또한 많은 기업들은 중개자에 의존하지 않고 금융 상품을 제공하는 탈중앙화금융(DeFi)에 의도치 않은 악영향을 미칠 수 있다는 우려를 표명했다. DeFi는 본질적으로 CFTC 등록 요건을 충족할 수 없다. 일부 주 규제 기관은 선점 조항이 투자자를 보호하고 책임 있는 자본 형성을 촉진하는 권한을 부당하게 제한한다고 주장한다.

더 나아가, 같은 주 규제 기관들은 이 조항이 기업가, 투자자, 그리고 자본주의 전반에 큰 후퇴를 초래할 것이라고 주장한다. 아마도 가장 흥미로운 반응은 연방 정부 내부에서 나왔다. 이 법안이 성립되기 하루 전인 2022년 8월 2일, SEC 위원장 게리 겐슬러는 **"암호화폐 거래의 서부 개척 시대"에 대한 전쟁을 선포**했다. FTX 사태 이후, 겐슬러 씨는 이 법안이 너무 가볍다고 언급한 것으로 알려졌다. 한편, 상원 은행위원회와 상원 재무위원회 소속 엘리자베스 워런(민주당-매사추세츠) 상원의원 또한 소비자 보호, 자금세탁 방지 규정, 그리고 암호화폐 채굴에 대한 기후 보호 조치를 포괄하는 "포괄적인" 디지털 화폐 법안을 촉구했는데, 이는 워런 의원의 권한에 속한다.

FTX 사태로 인해 이 법안에 대한 추가적인 검토가 제기되고 있다. 데비 스테이브노 상원의원(미시간주 민주당)과 존 부즈먼 상원의원(아칸소주 공화당)은 DCCPA 최종안을 추진하겠다는 의지를 굽히지 않고 있지만, 의원들이 이 법안을 지지하고 통과시킬지는 불확실하다.[131]

---

131) A Controversial Effort Caught in the Crossfire of the FTX Collapse, By Chu Chen-Edited by Cindy Kuang, December 12, 2022 Reports/https://jolt.law.harvard.edu/digest/digital-commodities-consumer-protection-act-of-2022-a-controversial-effort-caught-in-the-crossfire-of-the-ftx-collapse-1

6. 스테이블코인 준비금 투명성 및 통일 안전거래 법(안)

(Stablecoin Transparency of Reserves and Uniform Safe Transactions Act of 2022, DCCPA)

2022년 12월 21일, 공화당 Pat Toomey 상원의원이 이 법안을 발의하였는데, 현재 입법을 위한 심의 중이다.

이 법안의 주요 내용은 ① 지급 스테이블 코인에 대한 최초의 연방규제 프레임워크를 마련하였다. ② 지급 스테이블 코인에 대한 규제권한을 미국 통화감독청(Office of the Comptroller of the Currency, OCC)가 갖도록 명확히 하였다. ③ OCC가 발행하는 새로운 연방면허를 만들어 지급 스테이블 코인 발행인제도를 도입하였다. ④ 모든 스테이블 코인이 유동자산에 의해 완전히 담보될 것을 요구하고, 여러 유형의 규제기관에게 스테이블 코인을 발행할 권한을 부여하였다. ⑤ 모든 지급 스테이블 코인 발행인이 표준화된 공시요건을 갖추고 등록 회계법인에서 증명을 받도록 하였다.[132]

---

[132] 정 대, "미국의 디지털자산 규제동향과 은행의 디지털자산 관련 업무"(2023), 33면.

7. 21세기 금융 혁신 및 기술법(안)

(Financial Innovation and Technology for the 21st Century Act, FIT21)

가. 입법 경위

이 법안은 2023년 6월 하원 금융서비스위원회와 농업위원회에 처음 발의된 후, 2024년 5월 22일, 이 법안에 대하여 바이든 대통령과 게리 겐슬러 SEC 위원장이 강력하게 반대하였음에도 불구하고 민주당 의원 71명과 공화당 의원 208명이 찬성하여, 하원에서 찬성 279표, 반대 136표로 통과되었다.

하원 금융서비스위원회는 이 법안이 **"디지털 자산에 대한 규제 명확성을 확보하기 위한 중요한 단계"** 라고 주장하며, 강력한 소비자 보호 장치와 미국 디지털 자산 산업의 번영에 필요한 규제 명확성을 제공하려는 의도를 가지고 있다고 밝혔다. 이 법안은 다양한 미국 기관 간의 책임을 정의하고 있으며, 특히 디지털 상품에 대한 상품선물거래위원회(CFTC)와 증권 및 이를 취급하는 기업에 대한 증권거래위원회 (SEC)의 책임을 정의하고 있다.[133]

---

133) https://en.wikipedia.org/wiki/Financial_Innovation_and_Technology_for_the_21st_Century_Act

나. 입법 배경

비트코인의 창세 블록이 채굴된 이후, 암호화 디지털 자산은 존재해 왔으며, 현재 15년의 발전을 거쳐 활기차고 점점 성숙해가는 단계에 있다. 그러나 미국을 비롯한 다른 국가들은 디지털 자산에 대한 포괄적인 규제 프레임워크를 구축하지 못하고, 단편적이고 일방적인 규제만을 시행하고 있다. 이는 암호화 산업에 안정적이고 예측 가능한 법치 환경을 제공하지 못할 뿐만 아니라, 암호화 디지털 산업에 각종 불법 및 범죄 행위가 만연하게 하여 혁신과 발전을 심각하게 저해하고 있다.

이에 대하여 비평가들은 미국의 기존 암호화 규제 프레임워크하에서 암호화 디지털 산업의 스타트업들이 "법 집행 기반의 규제"를 받고 있으며, 이는 관련 기업들이 다른 국가로 이전하게 만들고, 미국의 기술 혁신과 경제 전반의 발전에 부정적인 영향을 미친다고 주장하였다. 따라서 미국은 입법을 통해 혁신을 지원하는 환경을 조성하고 **암호화 산업의 미래 잠재력을 충분히 발굴**해야 하며, Web 2.0 시대의 소수 대형 기술 기업의 시장 독점을 막아야 할 상황이었다.

2022년 9월, 백악관은 **"디지털 자산의 책임 있는 개발을 위한 최초의 종합 프레임워크"**[134]를 발표하고, 미국 상품선

---

134) First-Ever Comprehensive Framework for Responsible Development of Digital Assets

물거래위원회(CFTC)와 미국 증권거래위원회(SEC)에게 디지털 자산을 규제하기 위한 구체적인 규칙을 제정할 것을 촉구했다. 이 법안 초안은 2023년 3월로 거슬러 올라가며, 당시 미국 하원의원 French Hill이 이끄는 디지털 자산, 금융 기술 및 포용성 소위원회가 하원 농업위원회와 협력하여 디지털 자산의 규제 프레임워크를 마련할 계획을 세웠다. 같은 해 7월, 미국 하원 금융서비스위원회와 하원 농업위원회는 차례로 이 법안을 통과시켰고, 2024년 5월에 하원에서 해당 법안의 투표절차가 완료되었다. 이 법안은 곧 상원에 제출되어 투표를 받고, 상원에서 통과된 후 대통령의 서명을 받아 공식적으로 발표될 예정이다.

다. 법안의 주요 내용

제1장은 "정의; 규칙 제정; 등록 의도 통지"에서는 1933년 증권법, 1934년 증권거래법 및 상품 거래법 등 다양한 법률하의 주요 용어를 정의하고 있다. 이러한 정의는 "디지털 자산", "블록체인", "탈중앙화 시스템" 등의 용어를 포함하며, 이 법안의 적용 범위를 명확히 하고 있다.

제2장은 투자계약의 일부로서의 디지털 자산을 명확히 하고 있다. 제202조에서는 투자계약의 일부로서의 디지털 자산을 가치의 대체 가능한 디지털 표현으로 정의하고, 이를 어떻게 분류하고 규제할 것인지에 대한 규정을 제시하며, 전통적인 증권과의 구분을 명확히 하였다.

제3장은 디지털 자산의 제공 및 판매 행위를 어떻게 규제할 것인지에 대한 규정을 주로 다루고 있다. 구체적으로 제301조에서는 디지털 자산의 거래 면제 상황을 규정하고, 제302조에서는 특정 디지털 자산의 제공 및 판매 행위에 대한 구체적인 요구 사항을 규정하며, 제303조에서는 모든 디지털 자산 및 관련 블록체인 시스템에 대한 공시 요구 사항을 강화할 것을 요구하고 있다.

제4장과 제5장은 SEC와 CFTC의 관할하에 있는 디지털 자산 중개 기관의 등록 사항을 규정하고 있다. 여기서 디지털 자산 중개 기관에는 디지털 자산거래소, 디지털 자산 중개인, 디지털 자산 거래상 및 디지털 자산 수탁자가 포함된다. 관련 규정은 거래 인증 및 허가와 같은 사업 요구 사항, 다양한 등록 주체의 일반 및 특별 조건, 방식 및 면제 등 등록 요구 사항 및 이해 상충 규칙 등을 포함하고 있다.

제6장은 "혁신 및 기술 촉진"은 제목이자 결론으로, 법안 작성자와 의회가 암호화 기술을 평가하는 방식을 나타낸다. 이와 관련하여 SEC는 혁신 및 금융기술 전략센터(FinHub)를 설립하고, CFTC는 LabCFTC를 설립한다. 이 두 센터의 주요 내부 기능은 SEC와 CFTC가 금융기술혁신을 검사하는 방식과 규제가 금융 기술 회사에 미치는 영향을 분석하는 것이다. 비록 이 두 연구 센터가 이해관계자와 접촉하고 신흥 기술에 종사하는 사람들에게 규칙 및 규제에 대한 정보를 제공하지만, 미국 의회는 이들이 적극적인 규제 샌드박스가 될 것이라고 보지 않는 것 같다.[135]

라. 우리에게 주는 시사점

우리나라는 2007년 8월 3일 자본시장법을 제정하면서 금융투자상품의 규정방식을 열거주의에서 포괄주의로 전환하였다. 우리나라 투자계약증권의 구성요건은 미국의 Howey 테스트와 공동사업, 금전 등의 투자, 타인의 노력 요건 등에 있어서는 거의 동일하다.

그러나 Howey 테스트가 "이익의 기대"를 갖는 것만으로도 충족됨에 반하여 우리는 "손익을 귀속받는 계약상의 권리"가 있어야 한다. 미국에서 조차 Howey 테스트가 불명확하고 혼란을 초래하고 있고 이러한 점은 이 법안이 디지털자산에 있어서만큼은 투자계약 개념을 제외하려고 한 것이다. 따라서 우리가 투자계약증권을 해석할 때 미국에서의 논의를 참고할 수는 있지만 이를 그대로 받아들이기는 어려운 입장이다.[136]

---

135) About the FIT21 Bill: Background, Content, and Impact, Tax DAO-Ray,2024-06-24 10:29:15/https://www.chaincatcher.com/en/article/2130331

136) 류경은, "미국의 디지털자산 최근 규제 현황 및 시사점"(2024), 47~50면.

8. 블록체인 규제 명확성 법(안)

(Blockchain Regulatory Certainty Act, BRCA)

이 법안은 2023년 7월 21일 Tom Emmer 하원의원이 발의한 후 2025년 6월 10일 하원에서 의결되었다. 이 법안은 암호화폐 및 블록체인 산업이 직면한 규제적 과제를 해결하는 것을 목표로 한다.

이 법안은 블록체인 개발자 및 블록체인 서비스 제공업체에 대하여 "세이프 하버"(safe harbor) 조항을 도입하여 이 기업들은 플랫폼에서 사용자가 보유한 디지털 자산에 대한 통제권이 없는 한, 라이선스 또는 등록을 요구하는 주 라이선스 법 또는 연방 지정에 따라 자금 전송업체 또는 금융기관으로 분류되지 않는다. 다시 말해, 정규 사업 운영에서 사용자의 디지털 자산을 직접 통제하지 않는 개발자 및 서비스 제공업체는 특정 라이선스 요건에서 면제된다.[137]

이 법안은 블록체인 기술과 관련된 기존의 지식재산권법에는 영향을 미치지 않는다는 점을 강조한다. 또한, 주 법이

---

[137] 현행법상 송금 서비스나 결제수단을 제공하는 기업은 주 차원의 규제 및 허가를 받고 연방 차원의 자금세탁 방지 보고 요건을 준수하여야 하는데, 이 법안에서 블록체인 기술 개발기업이 가상자산 거래에 직접적으로 참여하지 않는 경우에는 특정 재무보고 및 라이선스 요건을 면제한 것이다. 그 결과 블록체인 부문의 혁신과 성장을 촉진할 것으로 예상된다; 홍지연, "최근 미국의 가상자산 규제 마련 움직임 및 배경"(2023), 1면.

법안의 조항과 일치하는 한, 개별 주가 블록체인과 관련된 자체 법률을 시행할 수 있도록 허용한다. 그러나 법안과 상충되는 주 또는 지방 법률은 책임이나 법적 조치를 부과하지 않는다.

이 법안은 법률에서 사용되는 중요한 용어에 대한 명확한 정의를 제공한다. 예를 들어, "블록체인 개발자"(blockchain developer)는 블록체인 네트워크 또는 서비스를 위한 소프트웨어를 생성, 유지 관리 또는 배포하는 개인 또는 기업을 말한다. 그리고 "블록체인 네트워크"(blockchain network)는 상호 연결된 컴퓨터 시스템으로, 컴퓨터 프로그램의 상태에 대한 합의에 공동으로 도달하여 독점 소프트웨어나 다른 사람의 허가 없이 사용자 참여를 가능하게 한다. "블록체인 서비스"(blockchain service)는 여러 사용자가 블록체인 네트워크에 액세스하고 디지털 자산 거래를 수행할 수 있도록 하는 정보, 거래 또는 컴퓨팅 시스템을 포함한다. 또한, 이 법안은 "통제"(control)를 디지털 자산과 관련된 거래를 시작하는 데 필요한 데이터에 액세스할 수 있는 법적 권리, 권한 또는 기능으로 정의한다. 또한 "디지털 자산"(digital asset)을 중개자에 의존하지 않고 개인 간에 독점적으로 소유하고 이전할 수 있는 무형의 개인 재산의 형태로 정의한다.[138]

최근 가상자산 산업이 빠르게 성장하고 있는 상황에서 블록체인 기반 비즈니스에 대한 규제를 분명히 하고 일관성 있

---

138) https://iq.wiki/kr/wiki/blockchain-regulatory-certainty-act

는 감독을 위한 법안 마련의 필요성이 강조되어 옴에 따라 개정법은 투자자 보호에 크게 기여할 것으로 전망한다.[139]

9. 디지털자산에 대한 투자계약 분석을 위한 프레임 위크
(Framework for "Investment Contract" Analysis of Digital Assets)

가. 투자계약의 분석

SEC는 2019년 "디지털자산에 대한 투자계약 분석을 위한 프레임 위크"를 제정하였는데, 구체적인 내용은 다음과 같다.

초기코인공개(Initial Coin Offering, ICO)를 고려하거나 디지털 자산의 제공, 판매 또는 배포에 참여하는 경우 미국 연방 증권법이 적용되는지 여부를 고려해야 한다. 중요한 쟁점은 해당 디지털 자산이 해당 법률에 따라 "증권"에 해당하는지 여부이다.

"증권"에는 "투자계약" 뿐만 아니라 주식, 채권, 양도성 주식과 같은 기타 금융상품도 포함한다. 디지털 자산은 연방 증권법에 따른 증권의 요건을 충족하는 상품의 특성을 가지고 있는지를 분석하여야 한다.

---

[139] 홍지연, "최근 미국의 가상자산 규제 마련 움직임 및 배경" (2023)/https://www.kcmi.re.kr/publications/pub_detail_view?syear=2023&zcd=002001016&zno=1746&cno=6199

이 지침은 디지털 자산이 특정 유형의 증권, 즉 "투자계약"의 특성을 가지고 있는지 여부를 분석하기 위한 프레임워크를 제공한다. 위원회와 연방법원은 디지털 자산과 같은 독특하거나 새로운 금융상품이나 계약이 연방증권법의 적용을 받는 증권인지 여부를 판단하기 위해 종종 "투자계약" 분석을 한다.

나. Howey 테스트

(1) Howey 테스트의 성격

미국 대법원의 Howey 판례와 그 이후 판례법은 타인의 노력으로부터 발생할 수 있는 합리적인 이익에 대한 기대를 바탕으로 공동 기업에 자금을 투자하는 경우 "투자계약"이 성립하는 것으로 해석하였다. 이른바 "Howey 테스트"는 일반적인 증권의 특성을 갖추었는지 여부와 관계없이 모든 계약, 계획 또는 거래에 적용된다.

이 테스트의 초점은 해당 디지털 자산의 형태와 조건뿐만 아니라 디지털 자산을 둘러싼 상황과 제공, 판매 또는 재판매 방식(2차 시장 판매 포함)도 고려한다. 즉, 발행인 및 디지털 자산의 마케팅, 제공, 판매, 재판매 또는 유통에 관여하는 기타 개인 및 단체는 관련 거래를 분석한 후 연방증권법의 적용 여부를 판단하여야 한다.

연방증권법은 디지털 자산과 관련된 것을 포함하여 모든 증권의 제공 및 판매가 해당 규정에 따라 등록되거나 등록면제 자격을 갖도록 규정한다. 등록 규정은 투자자에게 특정 정보를 공개하도록 요구하며, 해당 정보는 완전하고 중대한 오해의 소지가 없어야 한다. 이러한 공개 요건은 투자자에게 정보에 입각한 투자 결정을 내리는 데 필요한 정보를 제공한다는 연방증권법의 목표를 더욱 강화한다.

공개해야 하는 정보에는 기업의 성공에 영향을 미치는 필수적인 경영 활동과 관련된 정보가 포함된다. 예를 들면, 법인의 경우에 해당하지만, 조직 구조나 형태와 관계없이 다른 유형의 기업에도 해당할 수 있다.

이러한 노력과 기업의 진행 상황 및 전망에 대한 법률상 요구되는 공개가 없다면, 기업의 경영진 및 추진자와 투자자 및 잠재 투자자 사이에 상당한 정보 비대칭이 존재할 수 있다. 필수 공개를 통해 이러한 정보 비대칭을 줄이는 것은 투자자를 보호하며, 이는 연방증권법의 주요 목적 중 하나이다.

(2) Howey 테스트의 요건

(가) 자금 투자

Howey 테스트의 첫 번째 요건은 일반적으로 디지털 자산의 제공 및 판매이다. 이는 디지털 자산이 실제(또는 법정 통화) 통화, 다른 디지털 자산 또는 기타 유형의 대가의 형태로 가치와 교환하여 구매되거나 다른 방식으로 취득되기 때문이다.

(나) 공동 기업

법원은 일반적으로 "공동 기업"을 투자계약의 별개 요소로 분석한다. 디지털 자산을 평가할 때 일반적으로 "공동 기업"이 존재한다는 것을 발견하였다.

(다) 타인의 노력으로 인한 이익에 대한 합리적 기대

일반적으로 Howey 테스트에 따라 디지털 자산을 분석할 때 주요 쟁점은 구매자가 타인의 노력으로부터 발생하는 이익(또는 기타 재정적 수익)에 대한 합리적인 기대를 가지고 있는지 여부이다.

구매자는 배당 참여 또는 2차 시장에서 차익 매도와 같은 자산가치 상승 실현 방법을 통해 수익을 실현할 것으로 기대할 수 있다. 프로모터, 스폰서 또는 기타 제3자(또는 제3자 계열사)(활동 참여자[140], Active Participant, AP)가 기업의 성공에 영향을 미치는 필수적인 경영 노력을 제공하고 투자자가 그러한 노력을 통해 수익을 창출할 것으로 합리적으로 기대하는 경우, 이 테스트의 요건을 충족하는 것으로 간주한다. 이 조사와 관련된 것은 거래의 "경제적 실체"와 "제안 조건, 유통 계획, 그리고 잠재 고객에게 제시된 경제적 유인책을 통해 해당 상품이 상거래에서 어떤 특성을 갖는지"이다. 따라서 이

---

140) 이하 'AP'라 한다.

조사는 거래 자체와 디지털 자산의 제공 및 판매 방식에 초점을 맞춘 객관적인 조사이다. 이러한 요건이 충족되는지 여부를 분석하는데는 다음 두 가지를 고려한다.

① 타인의 노력에 대한 의존
구매자가 다른 사람의 노력에 의존하는지 여부에 대한 조사는 두 가지 핵심 문제에 초점을 맞춘다.
·구매자는 AP의 노력에 의존할 것으로 합리적으로 예상합니까?
·그러한 노력이 "기업의 실패 또는 성공에 영향을 미치는 필수적인 경영적 노력"인 것은 아니고 본질적으로 보다 행정적인 노력과 대조되는 것입니까?
다음 특징 중 어느 것도 반드시 결정적인 것은 아니지만, 이러한 특징이 강할수록 디지털 자산 구매자가 "다른 사람의 노력"에 의존할 가능성이 커진다.
·AP는 네트워크의 개발, 개선 또는 향상, 운영 또는 홍보에 대한 책임이 있다. 특히 디지털 자산 구매자가 AP가 네트워크 또는 디지털 자산이 의도한 목적이나 기능을 달성하거나 유지하는 데 필요한 작업을 수행하거나 감독할 것으로 기대하는 경우 더욱 그렇다. 네트워크 또는 디지털 자산이 아직 개발 중이고 제안 또는 판매 시점에 네트워크 또는 디지털 자산이 완전히 작동하지 않는 경우, 구매자는 AP가 네트워크 또는 디지털 자산의 기능을 (직간접적으로) 추가로 개발할 것으로 합리적으로 기대할 수 있다. 특히 AP가 디지털 자산의 가치를 달성하거나 증가시키기 위해 추가적인 개발 노력을 약속하는 경우가 그렇다.
·네트워크 사용자의 제휴되지 않은 분산된 커뮤니티(일반적으로 "분산형" 네트워크라고 함)가 아닌 AP가 수행하거나 수행할 것으로 예상되는 필수적인 작업이나 책임이 있다.
·AP는 디지털 자산에 대한 시장 또는 가격을 생성하거나 지원한다. 예를 들면 다음과 같은 AP가 포함될 수 있다. 디지털 자산의 생성 및

발행을 제어하거나 공급을 제한하거나 매수, 소각 또는 기타 활동을 통해 부족을 보장하는 등 디지털 자산의 시장 가격을 지원하기 위한 기타 조치를 취하는 것이다.

·AP는 네트워크 또는 디지털 자산의 지속적인 개발 방향에서 주도적 또는 중심적인 역할을 한다. 특히, AP는 거버넌스 문제, 코드 업데이트, 또는 디지털 자산과 관련하여 발생하는 거래 검증에 제3자가 참여하는 방식을 결정하는 데 있어 주도적 또는 중심적인 역할을 수행한다.

·AP는 네트워크 또는 디지털 자산이 나타내는 특성이나 권리에 대한 결정을 내리거나 판단을 내리는 지속적인 관리 역할을 담당한다. 여기에는 다음이 포함된다.

네트워크 또는 네트워크 감독을 담당하는 기관에 서비스를 제공하는 사람에게 보상을 제공할지 여부와 방법을 결정한다. 디지털 자산의 거래 여부와 거래 장소를 결정한다. 예를 들어, 구매자는 AP가 2차 시장이나 플랫폼에서 디지털 자산 거래를 주선했거나 주선하기로 약속한 경우처럼 유동성 확보를 위해 AP에 합리적으로 의존할 수 있다. 추가 디지털 자산을 누가 어떤 조건하에 받을지 결정한다. 디지털 자산 판매로 모금한 자금을 어떻게 사용할지 등 경영 수준의 비즈니스 결정을 내리거나 이에 기여한다. 네트워크에서 거래의 검증이나 확인에 주도적인 역할을 하거나, 다른 방식으로 네트워크의 지속적인 보안에 대한 책임을 맡는 것을 말한다. 네트워크의 성공이나 디지털 자산의 가치에 직간접적으로 영향을 미치는 기타 경영적 판단이나 결정을 내린다.

·구매자는 AP가 다음과 같은 경우 자체 이익을 증진하고 네트워크 또는 디지털 자산의 가치를 높이기 위한 노력을 기울일 것으로 합리적으로 기대할 것이다. AP는 디지털 자산의 가치로부터 자본 이득을 실현할 수 있는 능력을 보유하고 있다. 예를 들어, AP가 디지털 자산에 대한 지분이나 이익을 보유하는 경우 이를 입증할 수 있다. 이러한 경우, 구매자는 AP가 자사 이익을 증진하고 네트워크 또는 디지털 자산의 가치를 높이기 위한 노력을 기울일 것으로 합리적으로 기대할 수 있다.

AP는 경영진에 대한 보상으로 디지털 자산을 분배하거나, AP의 보상은 디지털 자산의 2차 시장 가격에 연동된다. 이러한 사실이 존재하는 한, 보상을 받는 개인은 디지털 자산의 가치를 높이기 위한 조치를 취할 것으로 예상할 수 있다. AP는 네트워크 또는 디지털 자산의 지적 재산권을 직접 또는 간접적으로 소유하거나 통제한다. AP는 디지털 자산의 가치를 현금화하며, 특히 디지털 자산의 기능이 제한적인 경우에 유용하다.

이전에 증권으로 판매된 디지털 자산을 이후의 제안이나 판매 시점에 재평가해야 하는지 여부를 평가할 때, 다음을 포함하되 이에 국한되지 않는 "다른 사람들의 노력"과 관련된 추가 고려사항이 있다.

· 후속 AP를 포함한 AP의 노력이 디지털 자산에 대한 투자 가치에 계속해서 중요한지 여부
· 디지털 자산이 기능할 네트워크가 구매자가 AP가 필수적인 경영 또는 기업적 노력을 수행할 것이라고 합리적으로 더 이상 기대할 수 없는 방식으로 운영되는지 여부
· AP의 노력이 더 이상 기업의 성공에 영향을 미치지 않는지 여부
등이다.

② 이익에 대한 합리적인 기대

디지털 자산을 평가할 때는 합리적인 수익 기대 여부도 고려해야 한다. 수익은 초기 투자 또는 사업 개발로 인한 자본 이득이나 구매자 자금 사용으로 인한 수익 참여 등을 포함할 수 있다. 기초자산의 수요와 공급에 영향을 미치는 외부 시장 요인(예: 일반적인 인플레이션 추세 또는 경제)으로 인해 발생하는 가격 상승은 일반적으로 Howey 테스트에 따라 수익으로 간주되지 않는다.

다음 특성이 많이 나타날수록 합리적인 이익 기대 가능성이 높아진다.
·디지털 자산은 보유자에게 기업의 수입이나 이익을 공유하거나 디지털 자산의 자본 증가로 인한 이익을 실현할 권리를 부여한다. 기회는 네트워크의 운영, 홍보, 개선 또는 기타 긍정적인 발전으로 인해 디지털 자산의 가치가 상승하는 데서 발생할 수 있으며, 특히 디지털 자산

보유자가 디지털 자산을 재판매하고 이익을 실현할 수 있는 2차 거래시장이 있는 경우에 그러하다. 디지털 자산이 보유자에게 배당금이나 분배금에 대한 권리를 부여하는 경우도 이에 해당한다.

· 디지털 자산은 2차 시장이나 플랫폼을 통해 양도되거나 거래되거나 미래에 양도되거나 거래될 것으로 예상된다.

· 구매자는 AP의 노력으로 디지털 자산의 자본 증가가 이루어지고, 이를 통해 구매에 대한 수익을 얻을 수 있을 것으로 합리적으로 기대할 것이다.

· 디지털 자산은 상품이나 서비스의 예상 사용자나 네트워크 기능이 필요한 사람들을 대상으로 하는 것과 달리 잠재적인 구매자에게 광범위하게 제공된다. 디지털 자산은 네트워크 사용자를 나타내는 수량 대신 투자 의도를 나타내는 수량으로 제공 및 구매된다. 예를 들어, 예상 사용자가 합리적으로 필요로 하는 것보다 훨씬 많은 수량으로 제공 및 구매되거나, 네트워크에서 자산을 실제로 사용하는 것이 불가능할 정도로 적은 수량으로 제공 및 구매된다.

· 디지털 자산의 매수/매도 가격과 해당 디지털 자산과 교환하여 취득할 수 있는 특정 상품이나 서비스의 시장 가격 사이에는 뚜렷한 상관관계가 거의 없다.

· 디지털 자산이 일반적으로 거래되는 수량(또는 구매자가 일반적으로 구매하는 금액)과 일반적인 소비자가 사용이나 소비를 위해 구매하는 기초 상품이나 서비스의 금액 사이에는 뚜렷한 상관관계가 거의 없다.

· AP는 기능적 네트워크나 디지털 자산을 구축하는 데 필요한 것보다 더 많은 자금을 모금하였다.

· AP는 대중에게 배포되는 것과 동일한 종류의 디지털 자산을 보유함으로써 이러한 노력의 혜택을 누릴 수 있다.

· AP는 네트워크나 디지털 자산의 기능이나 가치를 향상시키기 위해 수익이나 운영 자금을 지속적으로 지출한다.

· 디지털 자산은 다음 중 하나를 사용하여 직접 또는 간접적으로 마케팅된다. AP의 전문성이나 네트워크 또는 디지털 자산의 가치를 구축하

거나 성장시키는 능력이다. 디지털 자산은 투자이거나, 요청된 보유자가 투자자라는 것을 나타내는 용어로 마케팅된다. 디지털 자산 판매 수익금은 네트워크나 디지털 자산을 개발하는 데 사용된다. 네트워크 또는 디지털 자산의 미래(현재가 아닌) 기능과 AP가 해당 기능을 제공할 것이라 전망한다. 기존 네트워크에서 사용할 수 있는 현재 이용 가능한 상품이나 서비스를 제공하는 것과는 대조적으로 사업이나 운영을 구축하겠다는 (암묵적 또는 명시적) 약속이다. 디지털 자산의 손쉬운 양도성은 주요 판매 특징이다. 네트워크 운영의 잠재적 수익성이나 디지털 자산의 가치 상승 가능성은 마케팅이나 기타 홍보 자료에서 강조된다. 디지털 자산 거래 시장의 가용성, 특히 AP가 암묵적 또는 명시적으로 디지털 자산에 대한 거래 시장을 만들거나 다른 방식으로 지원하겠다고 약속하는 경우이다.

이전에 증권으로 매각된 디지털 자산을 이후의 제안이나 매각 시점에 재평가해야 하는지 여부를 평가할 때, "합리적인 이익 기대"와 관련하여 다음을 포함하되 이에 국한되지 않는 추가 고려사항이 있다.

·디지털 자산의 구매자는 더 이상 AP의 지속적인 개발 노력이 디지털 자산의 가치를 결정하는 주요 요소가 될 것이라고 합리적으로 기대하지 않는다.

·디지털 자산의 가치는 교환 또는 상환 가능한 상품이나 서비스의 가치와 직접적이고 안정적인 상관관계를 보였다.

·디지털 자산의 거래량은 교환 또는 상환 가능한 상품이나 서비스에 대한 수요 수준에 상응한다.

·보유자가 네트워크나 플랫폼에서 상품과 서비스를 구매하는 등 의도한 기능을 위해 디지털 자산을 사용할 수 있는지 여부이다.

·디지털 자산의 가치 상승으로 인해 얻을 수 있는 경제적 이익이 해당 자산을 의도한 기능에 사용할 수 있는 권리를 얻는 데 부수적으로 수반되는지 여부이다.

·AP는 중요한 비공개 정보에 접근할 수 없으며, 디지털 자산에 대한 중요한 내부 정보를 보유하고 있다고 간주될 수도 없다.

③ 기타 관련 고려 사항

타인의 노력으로 인한 이익에 대한 합리적인 기대가 있는지 여부를 평가할 때 연방법원은 거래의 경제적 현실을 살핀다. 이를 위해 법원은 또한 구매자가 사용하거나 소비하도록 해당 도구가 제공되고 판매되는지 여부도 고려하였다.

다음의 사용 또는 소비 특성 중 어느 것도 반드시 결정적인 것은 아니지만, 해당 특성이 강할수록 Howey 테스트를 충족할 가능성은 낮아진다.

· 분산원장 네트워크와 디지털 자산은 완전히 개발되어 운영되고 있다.
· 디지털 자산을 보유한 사람은 네트워크에서 의도한 대로 즉시 사용할 수 있으며, 특히 그러한 사용을 장려하는 인센티브가 내장된 경우에는 더욱 그렇다.

· 디지털 자산의 생성 및 구조는 자산의 가치나 네트워크 개발에 대한 추측을 조장하기 위한 것이 아니라, 사용자의 요구를 충족하도록 설계 및 구현된다. 예를 들어, 디지털 자산은 네트워크에서만 사용할 수 있으며, 일반적으로 구매자의 예상 사용량에 해당하는 금액만큼만 보유 또는 양도할 수 있다.

· 디지털 자산의 가치 상승 가능성은 제한적이다. 예를 들어, 디지털 자산의 설계상 가치는 시간이 지남에 따라 일정하게 유지되거나 감소할 수 있으므로, 합리적인 구매자라면 투자 목적으로 디지털 자산을 장기간 보유할 것으로 기대되지 않는다.

· 가상화폐라고 불리는 디지털 자산은 다양한 상황에서 즉시 결제에 사용할 수 있거나 실제(또는 법정) 화폐를 대체하는 역할을 한다. 즉, 다른 디지털 자산이나 실제 통화로 먼저 변환하지 않고도 디지털 자산으로 상품이나 서비스 비용을 지불할 수 있다는 의미이다. 이를 가상화폐로 정의한다면, 디지털 자산은 실제로 가치 저장소 역할을 하며, 저장, 검색이 가능하고 나중에 가치 있는 것과 교환할 수 있다.

· 상품이나 서비스에 대한 권리를 나타내는 디지털 자산의 경우, 현재 개발된 네트워크나 플랫폼 내에서 해당 상품이나 서비스를 취득하거나 다른 방식으로 사용하기 위해 교환할 수 있는데, 관련 요소는 다음과

같다. 디지털 자산의 구매 가격과 해당 자산을 교환하거나 상환할 수 있는 특정 상품이나 서비스의 시장 가격 사이에는 상관관계가 있다. 디지털 자산은 소비 목적보다는 투자 또는 투기 목적에 따라 중분되어 제공된다. 디지털 자산을 소비하려는 의도는 디지털 자산의 기반이 되는 상품이나 서비스를 네트워크 상에서 해당 디지털 자산을 사용해서만 획득할 수 있거나, 더 효율적으로 획득할 수 있는 경우 더욱 분명해질 수 있다.

·디지털 자산의 가치 상승으로 인해 얻을 수 있는 경제적 이익은 해당 자산을 의도한 기능에 맞게 사용할 수 있는 권리를 얻는 데 따른 것이다.

·디지털 자산은 디지털 자산의 시장 가치 증가 가능성이 아닌, 디지털 자산의 기능성을 강조하는 방식으로 마케팅된다.

·잠재적 구매자는 네트워크를 사용하고 디지털 자산을 의도한 기능에 맞게 사용할 수 있다(또는 이미 사용하였을 수도 있다).

·디지털 자산의 양도성에 대한 제한은 자산의 사용 목적과 일치하며 투기 시장을 촉진하지 않는다.

·AP가 2차 시장 창출을 촉진하는 경우, 디지털 자산의 이전은 플랫폼 사용자 간에만 이루어질 수 있다.

이러한 유형의 사용 또는 소비 특성을 가진 디지털 자산은 투자계약일 가능성이 낮다. 예를 들어, 완전히 개발된 운영 사업을 운영하는 온라인 소매업체의 경우를 생각해 보자. 이 소매업체는 소비자가 소매업체 네트워크에서만 제품을 구매하는 데 사용할 수 있는 디지털 자산을 생성하고, 실제 통화와 교환하여 판매하며, 해당 디지털 자산은 해당 실제 통화로 가격이 책정된 제품과 교환할 수 있다. 소매업체는 기존 고객 기반을 대상으로 제품을 지속적으로 마케팅하고, 이러한 노력의 일환으로 디지털 자산 결제 방식을 광고하며, 제품 구매에 따라 디지털 자산으로 고객에게 보상할 수 있다. 디지털 자산을 수령하는 즉시 소비자는 디지털 자산을 사용하여 네트워크에서 제품을 즉시 구매할 수 있다. 디지털 자산은 양도할 수 없으며, 소매업체에서 제품을 구매하거나 원래 구매 가격보다 할인된 가격으로 소매업체에 재판매하는 데만 사용할 수 있다. 이러한 사실들을 고려할 때, 해당 디지털 자산은 투자계약이 아니다.

디지털 자산을 사용하여 네트워크에서 상품이나 서비스를 구매할 수 있는 경우에도 해당 네트워크 또는 디지털 자산의 기능이 개발 또는 개선되고 있다면 다음 요인 중 하나가 충족되는 경우 증권 거래가 발생할 수 있다. 디지털 자산이 상품이나 서비스의 가치보다 할인된 가격으로 구매자에게 제공되거나 판매되는 경우, 디지털 자산이 합리적인 사용을 초과하는 수량으로 구매자에게 제공되거나 판매되는 경우, 특히 AP가 디지털 자산의 가치를 높이기 위한 노력을 계속하거나 2차 시장을 촉진한 경우 해당 디지털 자산을 재판매하는 데 제한이 없거나 전혀 없는 경우이다.[141]

제2절 유럽연합의 가상자산법

1. 유럽연합(EU) 가상자산법의 개관

유럽연합(European Union, EU)는 2023년 6월 29일 「암호자산 시장 규제법」(Markets in Crypto-Assets Regulation, MiCA)을 제정하여

---

141) https://www.sec.gov/about/divisions-offices/division-corporation-finance/framework-investment-contract-analysis-digital-assets

가상자산을 규제하고 있다. 그리고 이 법의 시행을 위한 후속지침도 계속 제정하고 있다.142)

2. 암호자산시장 규제법

유럽연합(European Union, EU)는 2023년 6월 29일 「암호자산시장 규제법」(Markets in Crypto-Assets Regulation, MiCA)을 제정하여 가상자산을 규제하고 있는데, 이하에는 그 주요 규정을 소개한다.143)

가. 제1편 주제, 범위 및 정의

제1조 목적 ① 이 법은 자산준거토큰과 이머니토큰이 아닌 암호자산, 자산준거토큰 그리고 이머니토큰의 일반 대중에 대한 제공 및 거래플랫폼에서의 매매거래에 대한 허용에 관하여 통일된 요건과 암호자산 서비스 제공자들에 대한 통일된 요건을 규정한다.
② 특히, 이 법은 다음 사항을 규정한다. (a) 암호자산을 거래 플랫폼에서 발행하고 일반대중에게 제공하고 거래를 허용하는 투명성 및 공개 요건 (b) 암호자산 서비스 제공자, 자산준거토큰의 발행자 및 이머니토큰의 발행자들에 대한 승인 및 감독, 그리고 이들의 운영, 조직 및 거버넌스에 관한 요건 (c) 암호자산의 발행, 대중에 대한 제공 및 암호자

---

142) 이명영, "EU 가상자산법(MiCA) 후속 지침 관련 주요 내용 및 동향 검토"(2024) 참조.

143) 업비트 투자자보호센터, 『유럽연합(EU)의 암호자산시장에 관한 법률(MiCA)』(2023) 참조.

산 거래 허가에 있어 암호자산 보유자 보호에 관한 요건 (d) 암호자산 서비스 제공자의 고객 보호 요건 (e) 암호자산 시장의 무결성을 확보하기 위해 암호자산과 관련된 내부자 거래, 내부정보의 불법 공개 및 시장조작을 방지하기 위한 조치.

제2조 적용 범위 ① 이 법은 유럽연합 내에서 암호자산의 발행, 대중에 대한 제공 및 거래를 허가하거나 암호자산과 관련된 서비스를 제공하는 자연인, 법인 및 기타 사업체에 적용한다.

② 이 법은 다음에 해당하는 자에 대하여는 적용하지 아니한다. (a) 암호자산 서비스를 오직 그 모회사, 그 자회사 또는 모회사의 다른 자회사들에게만 독점적으로 제공하는 자 (b) 파산절차의 청산인 또는 관리인 업무를 수행하는 자. 다만, 제47조의 목적을 위한 경우는 제외한다. (c) 유럽중앙은행(ECB), 통화당국의 지위를 가진 회원국의 중앙은행, 또는 회원국의 기타 공공기관 (d) 유럽투자은행(EIB) 및 그 자회사 (e) 유럽 재정안정기금과 유럽 안정 메커니즘 (f) 공공국제 기구.

③ 이 법은 다른 암호자산과 대체할 수 없는 고유한 암호자산에는 적용하지 아니한다.

④ 이 법은 다음 중 하나 이상에 해당하는 암호자산에는 적용하지 아니한다. (a) 금융상품 (b) 구조화된 예금을 포함한 예금 (c) 단, 이머니 토큰으로 적격한 경우는 제외한다. (d) EU의 2017/2402 규정 제2조 (1)항에 정의된 증권화를 위한 포지션 (e) 유럽의회 및 이사회 지침 2009/138/EC의 부록 I 및 II에 규정된 보험종류에 속하는 비생명보험 또는 생명보험 상품 또는 해당 지침에 언급된 재보험 및 재재보험에 관한 계약 (f) 국내법에 따라 투자자에게 퇴직소득의 제공을 주된 목적으로 하는 것으로 인정되고 그 투자자에게 특정 혜택을 부여하는 연금상품 (g) 유럽의회 및 이사회 지침(EU) 2016/2341(28) 또는 지침 2009/138/EC의 범위에 속하는 것으로 공식적으로 인정된 퇴직연금제도 (h) 국내법에 따라 고용주의 재정적 부담이 요구되는 개별 연금상품으로, 고용주나 직원이 연금상품이나 제공자를 선택할 수 없는 경우 (i) 유럽 의회 및 이사회 규정(EU) 2019/1238 제2조 (2)항에 정의된 범유럽

개인연금상품 (j) 유럽의회와 이사회의 규정(EC) 883/2004 및 (EC) 987/2009에 의해 적용되는 사회보장제도.

⑤ ESMA[144]는 2024년 12월 30일까지 이 조 4항 (a)의 목적을 위해 금융상품으로서 암호자산의 요건 및 기준에 관한 규정(EU) 제1095/2010호 제16조에 따라 지침을 발표하여야 한다. 6. 이 법은 EU의 규정 1024/2013의 적용을 받지 아니한다.

제3조 정의 ① 이 법의 목적상 다음 정의가 적용된다.

(1) '분산원장 기술' 또는 'DLT'는 분산원장의 운영 및 사용을 가능하게 하는 기술을 의미한다.

(2) '분산원장'이란 거래 기록을 보관하고 합의 메커니즘을 사용하여 일련의 DLT 네트워크 노드 간에 공유되고 동기화되는 정보 저장소를 의미한다.

(3) '합의 메커니즘'이란 DLT 네트워크 노드 간에 거래가 검증된다는 합의에 도달하는 규칙과 절차를 의미한다.

(4) 'DLT 네트워크 노드'란 네트워크의 일부이며 분산원장의 모든 거래 기록의 전체 또는 부분 복제본을 보관하는 장치 또는 프로세스를 의미한다.

(5) '암호자산'이란 분산원장 기술이나 유사한 기술을 사용하여 전자적으로 전송 및 저장될 수 있는 가치 또는 권리의 디지털 표현을 의미한다.

(6) '자산준거토큰'이란 이머니토큰이 아닌 암호자산의 한 유형으로, 하나 이상의 공식 통화를 포함하여 다른 가치나 권리 또는 이들의 조합을 참조하여 안정적인 가치를 유지한다고 주장하는 것을 의미한다.

(7) '이머니토큰' 또는 'e-화폐 토큰'은 공식 통화의 가치를 참조하여 안정적인 가치를 유지한다고 주장하는 암호자산 유형을 의미한다.

(8) '공식 통화'란 중앙은행이나 기타 통화 기관이 발행하는 국가의 공식 통화를 의미한다.

(9) '유틸리티 토큰'이란 발행자가 공급하는 상품이나 서비스에 대한 접

---

144) 유럽증권시장감독청(European Securities and Markets Authority)

근을 제공하기 위한 목적으로만 고안된 암호자산 유형을 의미한다.
(10) '발행인'이란 암호자산을 발행하는 자연인, 법인 또는 기타 사업체를 의미한다.
(11) '신청 발행인'이란 자산준거토큰 또는 이머니토큰을 발행하여 대중에게 제공하기 위한 승인을 신청하거나 해당 암호자산의 거래 허가를 추구하는 발행인을 의미한다.
(12) '대중에게 제공'이란 어떤 형태나 수단을 통해서든 사람들에게 충분한 정보를 제공하여 제공 조건과 제공될 암호자산에 대한 정보를 제공하여 잠재적인 보유자가 해당 암호자산을 구매할지 여부를 결정할 수 있도록 하는 것을 의미한다.
(13) '제공자'란 대중에게 암호자산을 제공하는 자연인, 법인 또는 기타 사업체, 또는 발행인을 의미한다.
(14) '기금'이란 지침(EU) 2015/2366 제4조(25)항에 정의된 기금을 의미한다.
(15) '암호자산 서비스 제공자'란 고객에게 하나 이상의 암호자산 서비스를 전문적으로 제공하는 것을 업으로 하는 법인 또는 기타 사업체로서, 제59조에 따라 암호자산 서비스를 제공할 수 있는 허가를 받은 자를 말한다.
(16) '암호자산 서비스'란 다음 중 암호자산과 관련된 모든 서비스 및 활동을 의미한다. (a) 고객을 대신하여 암호자산의 보관 및 관리 제공 (b) 암호자산 거래 플랫폼 운영 (c) 암호자산을 자금으로 교환 (d) 암호자산을 다른 암호자산으로 교환 (e) 고객을 대신하여 암호자산에 대한 주문 실행 (f) 암호자산의 배치 (g) 고객을 대신하여 암호자산에 대한 주문을 수신하고 전송한다. (h) 암호자산에 대한 조언 제공 (i) 암호자산에 내한 포트폴리오 관리 제공 (j) 고객을 대신하여 암호자산에 대한 이체 서비스를 제공한다.

나. 제2편 자산준거토큰이나 이머니토큰이 아닌 암호화폐 자산

제4조 자산준거토큰이나 이머니토큰이 아닌 암호자산의 대중에 대한 제공 ① 어떤 사람도 자산준거토큰이나 이머니토큰이 아닌 암호자산을 다음의 자를 제외하고 대중에게 공개 제안할 수 없다. (a) 법인 (b) 제6조에 따라 해당 암호자산에 관한 백서를 작성한 자 (c) 제8조에 따라 암호자산 백서를 통보한 자 (d) 제9조에 따라 암호자산 백서를 발행한 자 (e) 제7조에 따라 해당 암호자산과 관련된 마케팅 커뮤니케이션을 초안한 자 (f) 제9조에 따라 해당 암호자산에 대한 마케팅 커뮤니케이션을 게시한 자 (g) 제14조에 규정된 제안자에 대한 요건을 준수한 자 ② 제1항 (b), (c), (d) 및 (f) 항목은 자산준거토큰 또는 이머니토큰이 아닌 암호자산의 대중에 대한 다음 제안에는 적용되지 않는다.

(a) 회원국당 150명 미만의 자연인 또는 법인에게 제공하는 제안으로, 해당 개인이 자기의 계산으로 행동하는 경우 (b) 연합 내 암호자산에 대한 대중의 제안에 대한 총 고려 사항이 제안 시작일로부터 12개월 동안 EUR 1,000,000 또는 다른 공식 통화 또는 암호자산으로 동일한 금액을 초과하지 않는 경우 (c) 자격을 갖춘 투자자에게만 제공되는 암호자산에 대한 제안으로, 해당 암호자산은 자격을 갖춘 투자자만 보유할 수 있다.

③ 이 제목은 자산준거토큰이나 이머니토큰이 아닌 암호자산의 대중 공개 제공에는 적용되지 않으며, 다음 중 어느 하나에 해당하는 경우에는 적용되지 않는다.

(a) 암호자산의 무료 제공 (b) 분산원장의 유지 관리 또는 거래 검증에 대한 보상으로 자동으로 생성된 암호자산 (c) 현재 존재하거나 운영 중인 상품이나 서비스에 대한 액세스를 제공하는 유틸리티 토큰과 관련한 제안 (d) 암호자산 보유자는 제공자와 계약을 맺은 제한된 상인 네트워크에서 상품 및 서비스와 교환하는 경우에만 해당 자산을 사용할

권리가 있다.

첫 번째 하위 단락의 (a) 항목의 목적을 위해, 구매자가 해당 암호자산을 대가로 제공자에게 개인 데이터를 제공하거나 제공할 것을 약속해야 하는 경우 또는 암호자산 제공자가 해당 암호자산의 잠재적 보유자로부터 해당 암호자산을 대가로 수수료, 커미션 또는 금전적 또는 비금전적 혜택을 받는 경우 해당 암호자산은 무료로 제공된 것으로 간주되지 않는다.

연합의 첫 번째 하위 단락 (d)에 언급된 상황에서 암호자산에 대한 대중 제안의 총 대가가 대중에 대한 최초 제안의 시작일로부터 시작하여 12개월 기간 동안 1,000,000유로를 초과하는 경우, 제안자는 제안에 대한 설명과 첫 번째 하위 단락 (d)에 따라 제안이 이 제목에서 면제되는 이유를 설명하는 통지를 유관 당국에 보내야 한다.

제3항에서 언급한 통지에 근거하여, 유능한 기관은 해당 활동이 제1항 (d)에 따라 제한된 네트워크로서 면제를 받을 자격이 없다고 판단하는 경우 정당하게 정당한 결정을 내려야 하며, 이를 제안자에게 알려야 한다.

④ 제2항 및 제3항에 나열된 면제는 제안자 또는 제안자를 대신하여 행동하는 다른 사람이 자산준거토큰이나 이머니토큰이 아닌 암호자산 거래에 참여하고자 하는 의도를 어떠한 의사소통을 통해 알리는 경우에는 적용되지 않는다.

⑤ 고객을 대신하여 암호자산의 보관 및 관리를 제공하거나 본 조 제3항에 따라 대중에게 제공되는 것이 면제되는 암호자산과 관련하여 암호자산에 대한 이체 서비스를 제공하는 경우, 제59조에 따른 암호자산 서비스 제공자로서의 승인은 필요하지 않는다. 다만, 다음의 경우는 예외이다. (a) 동일한 암호자산에 대한 대중을 대상으로 하는 다른 제안이 존재하고 해당 제안이 면제 혜택을 받지 못하는 경우 또는 (b) 제공된 암호자산은 거래 플랫폼에 허용된다.

⑥ 자산준거토큰이나 이머니토큰이 아닌 암호자산의 대중에 대한 제공이 아직 존재하지 않거나 아직 운영되지 않는 상품 및 서비스에 대한

액세스를 제공하는 유틸리티 토큰과 관련된 경우, 암호자산 백서에 설명된 대로 대중에 대한 제공 기간은 암호자산 백서 발행일로부터 12개월을 초과할 수 없다.

⑦ 자산준거토큰이나 이머니토큰이 아닌 암호자산에 대한 대중에 대한 후속 제안은 대중에 대한 별도의 제안으로 간주되며, 대중에 대한 후속 제안에 대한 2항 또는 3항의 적용 가능성에는 영향을 미치지 않는다. 자산준거토큰이나 이머니토큰이 아닌 암호자산을 대중에게 제공하는 후속 제안에는 암호자산 백서가 제9조 및 제12조에 따라 게시되고 해당 백서 작성자가 서면으로 사용에 동의하는 한 추가 암호자산 백서가 필요하지 않는다.

⑧ 자산준거토큰이나 이머니토큰이 아닌 암호자산에 대한 대중의 제안이 제2항 또는 제3항에 따른 암호자산 백서 발행 의무에서 면제되더라도 백서가 자발적으로 작성된 경우 이 조항이 적용된다.

제5조 자산준거토큰 또는 이머니토큰이 아닌 암호자산 거래 허가 ① 개인은 다음의 경우를 제외하고는 연합 내에서 자산준거토큰이나 이머니토큰이 아닌 암호자산 거래에 대한 허가를 신청할 수 없다.

(a) 법인 (b) 제6조에 따라 해당 암호자산에 관한 암호자산 백서를 작성한 자 (c) 제8조에 따라 암호자산 백서를 통보한 자 (d) 제9조에 따라 암호자산 백서를 발행한 자 (e) 제7조에 따라 해당 암호자산과 관련된 마케팅 커뮤니케이션을 초안한 자 (f) 제9조에 따라 해당 암호자산에 대한 마케팅 커뮤니케이션을 게시한 자 (g) 제14조에 규정된 무역 허가 신청자에 대한 요건을 준수한 자

② 거래 플랫폼 운영자의 주도로 암호자산이 거래에 허용되고 이 규정에서 요구하는 경우 제9조에 따라 암호자산 백서가 발행되지 않은 경우, 해당 암호자산 거래 플랫폼 운영자는 이 조 제1항에 명시된 요건을 준수해야 한다.

③ 제1항의 적용을 면제하여 자산준거토큰이나 이머니토큰이 아닌 암호자산 거래에 대한 허가를 신청하는 사람과 해당 거래 플랫폼 운영자는 제1항 (b)부터 (g)까지에 언급된 요건의 전부 또는 일부를 준수해야

하는 주체가 거래 플랫폼 운영자라는 점에 서면으로 동의할 수 있다. 이 문단의 첫 번째 하위 문단에 언급된 서면 계약에는 거래에 참여하고자 하는 사람이 거래 플랫폼 운영자에게 해당 운영자가 해당 문단 1(b)부터 (g)까지에 언급된 요건을 충족할 수 있도록 필요한 모든 정보를 제공해야 한다는 내용이 명확하게 명시되어야 한다.

④ 제1항 (b), (c) 및 (d) 항목은 다음의 경우에는 적용되지 않는다.

(a) 해당 암호자산이 이미 연합 내 다른 암호자산 거래 플랫폼에서 거래가 허용된 경우 (b) 암호자산 백서가 제6조에 따라 작성되고, 제12조에 따라 업데이트되고, 해당 백서 작성 책임자가 백서의 사용에 서면으로 동의한 경우

다. 제3편 자산준거토큰

제1장 자산 기반 토큰을 대중에게 제공하고 거래에 참여할 수 있는 권한 부여

제16조 권한 부여 ① 누구든지 자산준거토큰의 발행자이고 다음에 해당하는 경우를 제외하고는 연합 내에서 자산준거토큰에 대한 대중의 제안을 하거나 거래에 참여를 요청할 수 없다.

(a) 연합에 설립되어 있고 본국 회원국의 유능 당국으로부터 제21조에 따라 승인을 받은 법인 또는 기타 사업체, 또는 (b) 제17조를 준수하는 신용기관. 첫 번째 하위 단락에도 불구하고, 자산 기반 토큰 발행자의 서면 동의 하에 타인은 해당 자산 기반 토큰을 대중에 공개하거나 거래 허가를 요청할 수 있다. 이러한 타인은 제27조, 제29조 및 제40조를 준수해야 한다. 첫 번째 하위 단락의 (a) 항목의 목적을 위해 다른 사업체는 법적 형태가 법인이 제공하는 것과 동일한 수준의 제3자 이익을 보호하는 것을 보장하고 법적 형태에 적합한 동등한 신중한 감독을 받는 경우에만 자산준거토큰을 발행할 수 있다.

② 제1항은 다음의 경우에는 적용되지 아니한다.

(a) 12개월 기간 동안 각 달력 일의 종료 시점을 기준으로 발행자가 발행한 자산준거토큰의 평균 미지급 가치가 EUR 5,000,000을 초과하지 않거나 다른 공식 통화로 환산한 금액에 해당하지 않으며, 해당 발행자가 다른 면제 발행자 네트워크에 연결되어 있지 않은 경우 (b) 자산 기반 토큰의 대중에 대한 제안은 자격을 갖춘 투자자에게만 제공되며, 자산 기반 토큰은 해당 자격을 갖춘 투자자만 보유할 수 있다. 이 문단이 적용되는 경우, 자산 기반 토큰 발행자는 제19조에 규정된 대로 암호자산 백서를 작성하고 해당 암호자산 백서와 요청이 있는 경우 마케팅 커뮤니케이션을 자국 회원국의 유관 당국에 통보해야 한다.
③ 제1항 제1호(a)에 언급된 사람에게 유능한 당국이 부여한 승인은 연합 전체에 유효하며, 자산준거토큰 발행자가 승인을 받은 자산준거토큰을 연합 전역에서 대중에게 제공하거나 해당 자산준거토큰의 거래 허가를 구할 수 있도록 허용한다.
④ 발행인의 암호자산 백서에 대한 유관 기관의 승인은 제17조 (1)항, 제21조 (1)항, 제25조 등에 따라 수정된 암호자산 백서에 대해 전체 연합에 대해 유효하다.

라. 제4편 전자화폐 토큰

제1장 모든 전자화폐 토큰 발행자가 충족해야 하는 요구 사항
제48조 전자화폐 토큰의 대중화 또는 거래 허가에 대한 요구 사항 ① 누구든지 연합 내에서 전자화폐 토큰을 대중에게 공개하거나 거래에 참여를 요청할 수 없다. 다만, 해당 전자화폐 토큰의 발행자이거나 다음 각 호의 어느 하나에 해당하는 경우에는 예외이다.
(a) 신용기관 또는 전자화폐기관으로 승인된 경우 (b) 암호자산 백서를 유관기관에 통보하고 제51조에 따라 해당 암호자산 백서를 공개한 경우 첫 번째 항에도 불구하고, 발행인의 서면 동의 하에 다른 사람은 전자화폐 토큰을 대중에 공개하거나 거래 허가를 요청할 수 있다. 이

러한 사람은 제50조 및 제53조를 준수해야 한다.
② 전자화폐 토큰은 전자화폐로 간주된다. 회원국의 공식 통화를 참조하는 이머니토큰은 연합 내에서 대중에게 제공되는 것으로 간주된다.

마. 제5편 암호화폐 자산 서비스 제공업체에 대한 허가 및 운영 조건

제1장 암호자산 서비스 제공자 승인
제59조 권한 부여 ① 어떤 사람도 연합 내에서 암호자산 서비스를 제공할 수 없다. 단, 해당 사람은 다음에 해당해야 한다. (a) 제63조에 따라 암호자산 서비스 제공자로 승인받은 법인 또는 기타 사업체, 또는 (b) 제60조에 따라 암호자산 서비스를 제공할 수 있는 신용기관, 중앙증권예탁기관, 투자회사, 시장운영자, 전자화폐기관, UCITS[145] 관리회사 또는 대체투자펀드운용사.
② 제63조에 따라 허가받은 암호자산 서비스 제공자는 암호자산 서비스의 일부라도 수행하는 회원국에 등록된 사무소를 두어야 한다. 해당 제공자는 EU 내에 실질적인 관리 장소를 두어야 하며, 이사 중 최소 1명은 EU에 거주해야 한다.
③ 제1항 (a)호의 목적을 위해 법인이 아닌 다른 사업체는 법적 형태가 법인이 제공하는 것과 동일한 수준의 제3자 이익을 보호하는 것을 보장하고 법적 형태에 적합한 동등한 신중한 감독을 받는 경우에만 암호자산 서비스를 제공해야 한다.
④ 제63조에 따라 허가받은 암호자산 서비스 제공자는 언제나 허가 조건을 충족해야 한다.
⑤ 암호자산 서비스 제공자가 아닌 사람은 암호자산 서비스 제공자임

---

[145] 유럽집합투자기구(Undertaking for Collective Investment in Transferable Securities)

을 암시하거나 그와 관련하여 혼란을 야기할 가능성이 있는 명칭이나 법인명을 사용하거나 마케팅 커뮤니케이션을 발행하거나 기타 절차를 수행해서는 안된다.

⑥ 제63조에 따라 허가를 부여하는 유능 당국은 해당 허가에 암호자산 서비스 제공자가 제공하도록 허가받은 암호자산 서비스가 명시되도록 해야 한다.

⑦ 암호자산 서비스 제공자는 지점을 포함한 설립권 또는 서비스 제공의 자유를 통해 유럽연합 전역에서 암호자산 서비스를 제공할 수 있다. 국경을 넘나드는 방식으로 암호자산 서비스를 제공하는 암호자산 서비스 제공자는 해당 회원국의 영토 내에 물리적인 거점을 둘 필요가 없다.

⑧ 제63조에 언급된 허가에 암호자산 서비스를 추가하려는 암호자산 서비스 제공자는 최초 허가를 부여한 유관 당국에 제62조에 언급된 정보를 보완하고 업데이트하여 허가 연장을 요청해야 한다. 연장 요청은 제63조에 따라 처리된다.

바. 제6편 암호화폐 관련 시장 남용 방지 및 금지

제86조 시장 남용에 대한 규칙의 범위 ① 이 조항은 거래가 허가된 암호자산 또는 거래 허가 요청이 이루어진 암호자산과 관련하여 모든 사람이 수행한 행위에 적용된다.

② 이 조항은 제1항에 언급된 암호자산에 관한 모든 거래, 주문 또는 행위에도 적용되며, 그러한 거래, 주문 또는 행위가 거래 플랫폼에서 발생하는지 여부는 관계없다.

③ 이 조항은 제1항에 언급된 암호자산과 관련된 연합 및 제3국의 행위 및 부작위에 적용된다.

제87조 내부 정보 ① 이 규정의 목적상 내부 정보는 다음 유형의 정보를 포함한다.

(a) 공개되지 않은 정확한 정보로서, 하나 이상의 발행인, 제안자 또는 거래 허가를 신청하는 사람 또는 하나 이상의 암호자산과 직접 또는 간접적으로 관련된 정보로서, 공개될 경우 해당 암호자산의 가격이나 관련 암호자산의 가격에 상당한 영향을 미칠 가능성이 있는 정보이다.

(b) 고객을 대신하여 암호자산에 대한 주문을 실행하는 사람의 경우, 이는 고객이 전달한 정확한 정보를 의미하며, 암호자산에 대한 고객의 보류 주문과 관련이 있고, 직접 또는 간접적으로 하나 이상의 발행인, 제안자 또는 거래 허가를 요청하는 사람 또는 하나 이상의 암호자산과 관련이 있으며, 공개되는 경우 해당 암호자산의 가격이나 관련 암호자산의 가격에 상당한 영향을 미칠 가능성이 있는 정보를 의미한다.

② 제1항의 목적상, 정보는 존재하거나 합리적으로 발생할 것으로 예상되는 일련의 상황 또는 발생했거나 발생할 것으로 합리적으로 예상되는 사건을 나타내는 경우 정확한 성격을 가진 것으로 간주되며, 해당 일련의 상황 또는 사건이 암호자산 가격에 미칠 수 있는 가능한 영향에 대한 결론을 도출할 수 있을 만큼 구체적이어야 한다. 이와 관련하여 특정 상황 또는 특정 사건을 초래하거나 발생시키는 장기 과정의 경우, 해당 미래의 상황 또는 해당 미래의 사건, 그리고 해당 미래의 상황 또는 해당 미래의 사건을 초래하거나 발생시키는 것과 관련된 해당 과정의 중간 단계도 정확한 정보로 간주될 수 있다.

③ 장기간에 걸친 절차의 중간 단계는 그 자체로 2항에 언급된 내부 정보의 기준을 충족하는 경우 내부 정보로 간주된다.

④ 제1항의 목적상, 공개될 경우 암호자산의 가격에 상당한 영향을 미칠 가능성이 있는 정보란 암호자산의 합리적인 보유자가 보유자의 투자 결정의 기초로 사용할 가능성이 있는 정보를 의미한다.

제88조 내부 정보의 공개 ① 발행인, 청약자 및 거래허가 신청자는 제87조에 명시된 내부 정보 중 자신과 직접적으로 관련된 정보를 가능한 한 빨리 대중에게 공개해야 하며, 대중이 해당 정보에 신속하게 접근하고 완전하고 정확하며 시의적절하게 평가할 수 있도록 해야 한다. 발행인, 청약자 및 거래허가 신청자는 내부 정보의 대중 공개와 자신

의 활동 마케팅을 병행해서는 안 된다. 발행인, 청약자 및 거래 허가 신청자는 공개해야 하는 모든 내부 정보를 최소 5년 동안 웹사이트에 게시하고 보관해야 한다.

② 발행인, 제안자 및 거래 허가를 원하는 자는 다음 각 호의 조건을 모두 충족하는 경우 제87조에 규정된 내부정보의 대중 공개를 스스로의 책임하에 연기할 수 있다.

(a) 즉각적인 공개로 인해 발행인, 제안자 또는 거래 허가를 원하는 사람의 합법적 이익이 침해될 가능성이 있는 경우 (b) 공개를 지연해도 대중을 오도할 가능성은 없다. (c) 발행인, 제안자 또는 거래 허가를 원하는 사람은 해당 정보의 기밀성을 보장할 수 있다.

③ 발행인, 청약자 또는 거래 허가를 신청하는 자가 제2항에 따라 내부 정보 공개를 지연한 경우, 해당 정보는 공개 직후 관할 당국에 정보 공개가 지연되었음을 통지하고, 제2항에 명시된 조건이 어떻게 충족되었는지에 대한 서면 설명을 제공해야 한다. 또는 회원국은 관할 당국의 요청이 있을 경우에만 그러한 설명에 대한 기록을 제공하도록 규정할 수 있다.

④ 본 조항의 적용에 대한 균일한 조건을 보장하기 위해 ESMA는 다음의 기술적 수단을 결정하기 위해 기술 표준을 구현하는 초안을 개발해야 한다.

(a) 1항에 언급된 내부 정보의 적절한 대중 공개 및 (b) 2항 및 3항에 언급된 내부 정보의 대중 공개를 지연한다. ESMA는 첫 번째 하위 단락에 언급된 기술 표준을 구현하는 초안을 2024년 6월 30일까지 위원회에 제출해야 한다. 이 문단의 첫 번째 하위 문단에 언급된 시행 기술 표준을 채택하는 권한은 규정(EU) 제1095/2010호 제15조에 따라 위원회에 부여된다.

제89조 내부자 거래 금지 ① 본 규정의 목적상, 내부자 거래는 어떤 사람이 내부 정보를 보유하고 그 정보를 이용하여 해당 정보와 관련된 암호자산을 자기 또는 제3자의 계산으로 직간접적으로 취득하거나 처분하는 경우 발생하는 것으로 간주한다. 내부 정보를 이용하여 해당

정보와 관련된 암호자산에 대한 주문을 취소하거나 수정하는 행위, 즉 해당 사람이 내부 정보를 보유하기 전에 이루어진 주문의 경우, 이러한 행위 역시 내부자 거래로 간주한다. 내부 정보의 사용에는 어떤 사람이 자기 또는 제3자의 계산으로 입찰을 제출, 수정 또는 철회하는 행위도 포함된다.

② 어떠한 사람도 내부자 거래에 관여하거나 관여를 시도해서는 안 되며, 암호자산에 대한 내부 정보를 이용하여 해당 암호자산을 직접 또는 간접적으로 취득하거나 처분해서는 안 된다. 이는 본인 또는 제3자의 계정을 위한 것이다. 또한, 타인에게 내부자 거래에 관여하도록 권유하거나 유도해서는 안 된다.

③ 암호자산에 대한 내부정보를 보유한 사람은 그 내부정보를 근거로 타인에게 다음을 권고하거나 유도해서는 안된다. (a) 해당 암호자산을 취득하거나 처분하거나 (b) 해당 암호자산에 대한 주문을 취소하거나 수정한다.

④ 제3항에 언급된 권장 또는 유인책의 사용은 해당 권장 또는 유인을 사용하는 사람이 그것이 내부 정보에 기반을 두고 있다는 사실을 알고 있거나 알아야 하는 경우 이 조항의 의미에서 내부자 거래에 해당한다.

⑤ 이 조항은 다음의 결과로 내부 정보를 보유한 모든 사람에게 적용된다.

(a) 발행인, 제안자 또는 거래 허가를 원하는 사람의 행정, 경영 또는 감독기관의 구성원이 된 경우 (b) 발행인, 제안자 또는 거래 허가를 원하는 사람의 자본을 보유한 경우 (c) 고용, 직업 또는 의무 수행을 통해 정보에 접근하거나 분산 원장 기술 또는 유사 기술에서의 역할과 관련하여 정보에 접근하는 경우 (d) 범죄 활동에 연루된 경우

이 조항은 첫 번째 하위 단락에 언급된 상황 외에 내부 정보를 보유한 모든 사람에게도 적용된다. 해당 사람이 그것이 내부 정보임을 알고 있거나 알아야 하는 경우이다.

⑥ 제1항에 언급된 사람이 법인인 경우, 이 조항은 해당 법인을 대신하여 명령의 취득, 처분, 취소 또는 수정을 수행하기 위한 결정에 참여

하는 자연인에게 국내법에 따라 적용한다.

제90조 내부정보 불법공개 금지 ① 내부 정보를 보유한 사람은 직무, 직업 또는 의무를 정상적으로 수행하는 과정에서 내부 정보를 공개하는 경우를 제외하고는 다른 사람에게 불법적으로 내부 정보를 공개해서는 안 된다.

② 제89조(4)에 언급된 권장사항 또는 유인사항의 추가 공개는 권장사항 또는 유인사항을 공개하는 사람이 그것이 내부 정보를 기반으로 한다는 사실을 알고 있거나 알아야 하는 경우 내부 정보의 불법 공개에 해당한다.

제91조 시장 조작 금지 ① 어느 누구도 시장 조작에 관여하거나 관여를 시도해서는 안 된다.

② 본 규정의 목적상 시장 조작은 다음 활동 중 하나를 포함한다.

(a) 합법적인 이유가 없는 한, 거래를 시작하거나, 거래 주문을 하거나, 다음과 같은 행위에 참여하는 경우: (i) 암호자산의 공급, 수요 또는 가격에 대해 허위 또는 오해의 소지가 있는 신호를 제공하거나 제공할 가능성이 있다. (ii) 하나 또는 여러 개의 암호자산의 가격을 비정상적이거나 인위적인 수준으로 확보하거나 확보할 가능성이 있다. (b) 허위 장치나 기타 형태의 사기 또는 계략을 사용하여 하나 또는 여러 개의 암호자산의 가격에 영향을 미치거나 미칠 가능성이 있는 거래에 들어가거나, 거래 주문을 하거나, 기타 활동이나 행위를 하는 경우 (c) 인터넷을 포함한 매체 또는 기타 수단을 통해 하나 또는 여러 개의 암호자산의 공급, 수요 또는 가격에 대해 허위 또는 오해의 소지가 있는 신호를 제공하거나 제공할 가능성이 있는 정보를 유포하거나, 하나 또는 여러 개의 암호자산의 가격을 비정상적이거나 인위적으로 확보하거나 확보할 가능성이 있는 정보를 유포하는 행위, 여기에는 소문을 유포하는 행위가 포함되며, 유포에 참여한 사람이 해당 정보가 허위 또는 오해의 소지가 있다는 사실을 알고 있거나 알았어야 하는 경우이다.

③ 다음의 행위는 특히 시장조작으로 간주된다.

(a) 암호자산의 공급 또는 수요에 대한 지배적 지위를 확보함으로써 직

접 또는 간접적으로 매수 또는 매도 가격을 고정하는 효과가 있거나 있을 가능성이 있거나, 기타 불공정 거래 조건을 만들거나 만들 가능성이 있는 경우 (b) 2항 (a)에 언급된 효과 중 하나를 갖는, 이용 가능한 모든 거래 수단을 통해 암호자산 거래 플랫폼에 주문을 넣고, 이를 취소하거나 수정하는 행위는 다음을 통해 가능한다. (i) 암호자산 거래 플랫폼의 기능을 방해하거나 지연시키거나 그러한 효과가 있을 가능성이 있는 활동에 참여하는 것 (ii) 암호자산 거래 플랫폼에서 다른 사람이 진짜 주문을 식별하는 것을 더 어렵게 만들거나 암호자산 거래 플랫폼의 정상적인 기능을 불안정하게 만드는 주문을 입력하는 것을 포함하여 그러한 효과가 있을 수 있는 활동에 참여하는 것. (iii) 특히, 추세를 시작하거나 악화시키기 위해 주문을 하거나 그러한 효과가 있을 가능성이 있는 활동에 참여하는 등 암호자산의 공급, 수요 또는 가격에 대해 허위 또는 오해의 소지가 있는 신호를 만드는 행위 (c) 전통적 또는 전자적 매체에 가끔 또는 정기적으로 접근하여 암호자산에 대한 의견을 표명하는 경우, 이전에 해당 암호자산에 대한 입장을 취한 적이 있고, 해당 암호자산의 가격에 대한 의견 표명의 영향으로 이후 이익을 얻는 경우, 동시에 적절하고 효과적인 방식으로 대중에게 이해 상충을 공개하지 않는 경우.

제92조 시장 남용의 예방 및 감지 ① 암호자산 거래를 전문적으로 주선하거나 실행하는 모든 사람은 시장 남용을 예방하고 탐지하기 위한 효과적인 조치, 시스템 및 절차를 마련해야 한다. 해당자는 등록되어 있거나 본사가 있는 회원, 또는 지점의 경우 지점이 소재한 회원국의 통지 규칙을 준수해야 하며, 주문 또는 거래에 대한 합리적인 의심 (취소 또는 수정 포함)과 합의 메커니즘과 같은 분산원장 기술의 작동과 관련된 기타 측면에 대해 지체 없이 해당 회원국의 관할 당국에 보고해야 한다. 시장 남용이 저질러졌거나, 저질러지고 있거나, 저질러질 가능성이 있음을 시사하는 상황이 있을 수 있다. 의심스러운 주문 또는 거래에 대한 보고를 받은 유관 당국은 해당 정보를 해당 거래 플랫폼의 유관 당국에 즉시 전달해야 한다.

② ESMA는 다음을 더욱 구체적으로 명시하기 위해 규제 기술 표준 초안을 개발해야 한다. (a) 1항을 준수하기 위한 적절한 조치, 시스템 및 절차 (b) 1항을 준수하기 위해 사람들이 사용하는 템플릿 (c) 국경을 넘는 시장 남용 상황에 대해서는 시장 남용을 적발하고 제재하기 위한 관련 유관 당국 간의 조정 절차를 마련한다. ESMA는 첫 번째 하위 단락에 언급된 규제 기술 표준 초안을 2024년 12월 30일까지 위원회에 제출해야 한다.

③ 이 규정에 따른 감독 관행의 일관성을 보장하기 위해 ESMA는 2025년 6월 30일까지 2항에 언급된 규제 기술 표준에 이미 포함되어 있지 않은 경우 시장 남용을 예방하고 감지하기 위해 유능 당국 간 감독 관행에 관한 규정(EU) 제1095/2010호 제16조에 따라 지침을 발행해야 한다.146)

제3절 일본의 가상자산법

1. 일본 가상자산법의 개관

일본에서는 가상자산을 암호자산이라 부르며, ①「금융상품거래법」, ②「자금결제에 관한 법률」, ③「범죄에 의한

---

146) https://eur-lex.europa.eu/eli/reg/2023/1114/oj/eng

수익 이전 방지에 관한 법률」 등에 의하여 규제하고 있다.147)

일본에서는 2014년 세계 최대의 가상화폐거래소였던 마운트곡스(Mt.Gox)가 파산하는 대사건148)이 발생하였다. 이에 따라 가상자산사업자에 대한 규제를 강화하여야 한다는 주장이 제기되어 「자금결제에 관한 법률」을 개정하여 암호자산과 암호자산교환업에 대해 규율하였다.149)

따라서 2017년 4월부터 가상화폐와 법정화폐 등의 교환을 실시하는 가상화폐교환업자에 대한 등록제를 도입하고 고객에 대한 설명의무 등과 같은 이용자 보호규정을 정비하였다.

그러나 이후에도 암호화폐의 외부유출사건이나 가상화폐교환업자들의 내부관리 태세미비가 지적되는 등 가상화폐를 둘러싼 여러 문제가 계속 발생하였다. 또한 가상화폐가 가격의 급등락에 의해 투기대상이 되고 있다는 지적과 증거금을 이용한 가상화폐 거래나 가상화폐에 의한 자금조달 등의 새로운 거래가 등장함에 따라 2018년 3월에 **"가상화폐교환업 등에 관한 연구회"**를 만들어, 관계자의 의견청취 등을 통해 암호화폐교환업 등을 둘러싼 여러 문제에 대한 제도적인 대응방안을 검토하였다.

---

147) 안현수, 『가상자산법』(2024), 34~8면.
148) 이 사건의 판례 분석에 관하여는 법무부, 『민사법상 가상자산 관련 입법 개선방안 연구』(2022), 125~135면 참조.
149) 강영기, "암호자산 관련 법적 쟁점과 암호자산의 향후 전망에 대한 소고"(2019) 참조.

주요 내용은 ① 고객재산 및 이용자 보호강화, ② 암호자산을 취급하는 사업자의 업무 적정성 확보, ③ 투자성을 갖는 토큰(재산적 가치 등을 표시할 수 있는 전자적인 정보)을 발행하는 것에 대한 규제의 방향성과 암호자산 파생상품 거래에 대한 규제의 필요 여부 등이다. 이후 이 연구회는 연구결과 보고서를 2018년 12월 발표하였으며, 이를 바탕으로 **2019년 5월 31일**「금융상품거래법」, 「자금결제에 관한 법률」등을 개정하여 2020년 5월부터 시행하였다.150)

2. 금융상품거래법

가. 증거금 거래에 대한 대응

2019년 3월을 기준으로 전체 암호자산교환업자 19개사(社) 중 7개사가 암호자산을 원자산(原資産)으로 하거나 또는 암호자산에 관한 지표를 참조지표로 하는 파생상품을 제공하고 있었음에도 당시(개정 전)에는 암호자산을 원자산(原資産)으로 하거나 또는 암호자산에 관한 지표를 참조지표로 하는 **파생상품 거래**는 「금융상품거래법」의 규제대상에 포함되지 않았다.

그리고 관련 상품에 대해 시스템의 미비나 서비스 내용의

---

150) 김경석, "일본 가상화폐 규제 관련 법제 동향1", 『최신외국법제정보』, 2021 제4호, 한국법제연구원, 2021.10.31./file:///C:/Users/Samsung/Downloads/ 4-2%20(1).pdf

불명확함에 대해 고객들의 불만이 제기되었고, 거래의 성질 등을 고려하면 암호자산을 대상으로 하는 파생상품 거래에 대해서도 금융상품으로서의 규칙정비가 필요하다는 주장이 제기되었다.

따라서 개정법에서는 외환증거금거래(FX거래)와 마찬가지로 이러한 거래에 관한 규제를 정비하였다. 구체적으로는 「금융상품거래법」상 '금융상품'의 정의에 암호자산이, '금융지표'의 정의에 암호자산의 가격 또는 암호자산의 이율 등이 각각 추가됨에 따라(제2조 제24항3의2호, 제25항), **암호자산을 원자산으로 하는 파생상품거래 및 암호자산의 가격이나 이율 등을 참조지수로 하는 파생상품거래**에 대해서도 「금융상품거래법」의 규제가 적용되게 되었다.

이 개정으로 자주적인 규범 등에 기초하여 이루어져 온 암호자산(가상화폐) 파생상품 거래에 대해 새롭게 「금융상품거래법」의 규범이 적용되어 이용자 보호가 도모될 것이라는 기대가 있다. 구체적으로는 암호자산과 관련된 파생상품의 거래 또는 그 매개, 중개를 업으로서 행하는 것은 제1종 금융상품거래업에 해당하며 개정 「금융상품거래법」에 따른 라이센스(금융상품거래업의 등록) 하에서 거래를 하게 된다. 그리고 증거금 거래를 하는 경우 증거금 배율(레버리지)도 일정 한도를 넘지 않을 것이 요구된다. 또한 허위 고지, 단정적 판단의 제공 등, 불초청 권유, 재권유 등의 행위가 금지되며 계약체결 전이나 계약체결 시 등에 서면 등에 의한 정보제공 의무도 강화되었다.[151]

나. ICO에 대한 규제

ICO(Initial Coin Offering)는 일반적으로는 기업 등이 토큰이라 불리는 전자적인 기록·기호를 발행해, 투자가 등의 공중으로부터 법정통화나 암호자산으로의 자금조달을 실시하는 행위를 말한다. ICO에 대해서는 글로벌한 자금조달이 가능하다거나 중소기업이라도 저비용으로 자금조달이 가능하다는 점 등으로 인해 기존의 자금조달 수단에서는 찾아볼 수 없는 이점을 가진다는 평가가 있기는 하다.

그러나 이에 반해 사기적인 사안이나 사업계획이 허술한 사안이 많다는 등의 지적도 있었으며, ICO에 적용되는 규정이 불명확하다는 것이 문제로 지적되고 있었다.

이와 같은 상황에 따라 개정법에서는 적용대상이 되는 **'전자기록이전권리'** 라는 개념을 새롭게 도입함과 동시에(제2조 제3항), 개정 「자금결제법」에서 '암호자산'의 정의에서 전자기록이전권리를 제외하고, 각각의 법률 적용대상이 되는 토큰 범위를 정리하였다.

이에 따라, 이른바 ICO는 기본적으로는 개정 「금융상품거래법」 또는 개정 「자금결제법」에 따른 이루어지게 된다. 즉, 개정법에 의해 유가증권으로 간주되는 권리 중, 그 권리가 전자정보처리조직을 이용하여 이전할 수 있는 재산적 가치로

---

151) https://world.moleg.go.kr/web/wli/lgslXmlViewerPage.do?DLD_CFM_NO=0GZ4OWF2G8RG24CU5Z8P&FL_SEQ=99714

표시되는 경우로 유통성이 낮은 것 등, 일정한 것을 제외한 것을 '전자기록 이전권리'로서 널리 유통될 개연성이 높은 유가증권의 유형인 '제1항 유가증권'으로 분류하였다.

또한 ICO 중 특히 유가증권적인 성질을 갖는 토큰을 발행하는 것은 STO(보안토큰 오퍼링)라 불리며 개정 「금융상품거래법」에 근거한 규정을 적용받게 되었다. 이들 토큰을 취급하는 사업자는 개정 「금융상품거래법」에 의거하여 각종 등록 등을 취득해야 하며, 유가증권으로서의 개시규제를 준수해야 한다.

예를 들면, 전자기록이전권리의 발행이 유가증권의 모집 또는 매출에 해당하는 경우에는 발행자는 유가증권신고서의 제출의무(제4조 제1항)나 사업설명서의 작성·교부 의무(제13조 제1항, 제15조 제1항)를 부담하며, 발행 후의 유가증권보고서(제24조) 등에 의한 계속 공개도 의무화된다.

다. 불공정행위에 대한 대응

암호자산의 거래에서 부당한 가격조작 등이 이루어지고 있다는 지적을 받아들여 풍설 유포나 가격조작 등의 **불공정행위 금지**도 개정 「금융상품거래법」에 포함시키게 되었다.

구체적으로는 암호자산의 매매 등의 거래 및 암호자산에 관한 파생상품 거래에 대해 부정한 수단, 계획 또는 기교를 부리는 것이나, 중요한 사항에 대해 허위의 표시가 있는 문서 등을 사용하여 금전 등을 취득하는 것, 허위의 시세를 이용하는 행위가 금지되고 있다. 또한, 시세 변동을 목적으로 풍설을 유포하거나 위계를 이용하거나 폭행하거나 협박을 해서는 안 된다는 것을 규정하고 있으며 아울러 시세조종 행위도 금지된다. 또한 암호자산의 거래와 관련된 이른바 내부자거래 규제에 대해서는 암호자산에는 발행자가 존재하지 않는다는 점과 발행자의 특정이 곤란하다는 점, 또한 암호자산의 변동요인에 대해 확립된 견해가 없다는 점 등의 이유로 개정「금융상품거래법」에서의 도입은 보류되었다.152)

3. 자금결제에 관한 법률

가. 용어의 정리

'가상화폐' 라는 명칭을 **'암호자산' 으로 변경**하였다. 그 이유는 우선, 국제적으로 'Crypto-Asset' (암호자산)이라는 표현이 이용되고 있고 '가상통화' 라는 명칭이 법정통화라는 오해를 낳기 쉽다는 점 등이다.

기존의 '가상화폐' 라는 명칭은 외국의 법령 등에서 이용되던 'Virtual Currency' 의 번역으로, 일본에서도 널리 일반적으로 사용되기도 해서 규제를 도입하던 시기에 채택되었으나, 관련된 호칭 변경에 따라 '암호자산' 이라는 명칭

---

152) 김경석, "일본 가상화폐 규제 관련 법제 동향1"(2021)/file:///C:/Users/Samsung /Downloads/ 4-2%20(1).pdf

을 바탕으로 금융자산적인 기능을 갖는 것을 전제로 한 운용이 진행되는 것도 고려된 것으로 보인다.153)

나. 등록의무

암호자산교환업자는 내각총리대신의 등록을 받도록 법적으로 의무화되었으며,154) 등록 시에는 ① 상호 및 주소, ② 자본금(1,000만 엔 이상의 자본금이 필요), ③ 암호자산교환업을 하는 영업소의 명칭 및 소재지, ④ 이사의 성명, ⑤ 회계담당자의 성명 또는 명칭, ⑥ 취급하는 암호자산의 명칭 등을 신청서에 기재하도록 하였다.

다. 이용자의 자산보호를 위한 규칙 정비

암호자산을 둘러싼 거래의 사회정착 및 부정유출사건 발생 등을 감안하여 이용자의 자산보호를 위하여 다음과 같이 규정을 정비하였다.

(1) 예치금의 보전

구법에서는 암호자산교환업자는 이용자로부터 보관되는

---

153) https://world.moleg.go.kr/web/wli/lgslXmlViewerPage.do?DLD_CFM_NO=0GZ4OWF2G8RG24CU5Z8P&FL_SEQ=99714
154) 제63조의2(암호자산교환업자의 등록) 암호자산교환업은 내각총리대신의 등록을 받은 자가 아니면 할 수 없다.

금전을 자기자금과는 다른 예저금계좌 또는 금전신탁으로 관리하는 것이 요구되고 있었다.

이에 반해 개정법에서는 이용자가 맡긴 금전을 신탁은행 또는 신탁회사에 신탁하는 것이 의무화되었다.155) 물론 개정 전에도 암호자산교환업자의 자주적인 판단에 따라 이용자의 금전을 신탁할 수 있었지만, 개정 후에는 이를 의무화하였기 때문에 이용자 보호를 한층 강화하였다.

(2) 암호자산 유출 리스크에 대한 대응

일본에서는 당시 Hot Wallet에서 관리하던 암호자산이 유출되는 사안이 발생함에 따라, 개정법에서는 암호자산교환업자에 대해 업무의 원활한 수행 등을 위해 필요한 경우를 제외하고 고객의 암호자산을 신뢰성 높은 방법(온라인을 통한 취급이 발생하지 않는 Cold Wallet 등)으로 관리하는 것을 의무화하였다(제63조의11).156)

---

155) 제63조의11(이용자 재산의 관리) ① 암호자산교환업자는 그 수행하는 암호자산 교환업과 관련하여 암호자산교환업 이용자의 금전을 자기의 금전과 구별하여 관리하고, 내각부령으로 정하는 바에 따라 신탁회사 등에 신탁하여야 한다.

156) 제63조의11(이용자 재산의 관리) ① 암호자산교환업자는 그 수행하는 암호자산 교환업과 관련하여 암호자산교환업 이용자의 금전을 자기의 금전과 구별하여 관리하고, 내 각부령으로 정하는 바에 따라 신탁회사 등에 신탁하여야 한다. ② 암호자산교환업자는 그 수행하는 암호자산 교환업과 관련하여 내각부령으로 정하는 바에 따라 암호자산교환업 이용자의 암호자산을 자기의 암호자산과 구별하여 관리하여야 한다. 이 경우, 해당 암호자산교환업자는 이용자의

또한, Hot Wallet에서 관리하는 고객의 암호자산에 대해서는 별도로 이에 대응하는 변제자원(辨濟資源, 동종·동량의 암호자산/이행보증 암호자산) 유지가 의무화되었다.157)

이들 개정법의 규율에 관해서는 그 중요성에 비추어 지갑의 구체적인 내용이나 관리양태 등이 내각부령에서도 규정되어 있다. 이 개정으로 암호자산교환업체는 분리관리를 위해 지갑구분에 의한 분리관리가 법령상 의무화되었다.

이용자 보호라는 측면에서는 Cold Wallet에 의한 관리를 촉진하여 이용자 보호를 추진함과 동시에 Hot Wallet에서 부정유출 등이 발생하는 때에는 개정법에 따라 보유가 의무화된 변제자원으로 손해 등의 보전이 이루어지게 된다.

분리관리의 구체적인 방향 등을 포함한 이들 조치에 대한

암호자산(이용자의 편리확보 및 암호자산교환업의 원활한 수행을 도모하기 위하여 필요한 것으로서 내각부령으로 정하는 요건에 해당하는 것을 제외한다)을 이용자를 보호하지 못할 우려가 적은 것으로서 내각부령으로 정 하는 방법으로 관리하여야 한다. ③ 암호자산교환업자는 전2항의 규정에 따른 관리 상황에 대하여 내각부령으로 정하는 바 에 따라 정기적으로 공인회계사 또는 감사법 인의 감사를 받아야 한다.

157) 제63조의11의2(이행보증암호자산) 암호자산교환업자는 전조 제2항에서 규정하는 내각부령으로 정하는 요건에 해당하는 암호자산과 같은 종류 및 수량의 암호자산(이하 이 항과 제63조의19의2 제1항에서 "이행보증 암호자산"이라 한다)을 자기의 암호자산으로 보유하고, 내각부령으로 정하는 바에 따라 이행보증암호자산 이외의 자기의 암호자산과 구별하여 관리하여야 한다. 이 경우, 해당 암호자산교환업자는 이행보증암호자산을 이용자를 보호하지 못할 우려가 적은 것으로서 내각부령으로 정하는 방법으로 관리하여야 한다.
② 전조 제3항의 규정은 전항의 규정에 따른 관리 상황에 준용한다.

대응은 암호자산교환업자별로 구체적인 내용은 다르기 때문에 이용자로서는 암호자산교환업자의 웹사이트 등을 통해 이를 확인할 필요가 있다.

(3) 암호자산교환업자의 도산시 대응

암호자산교환업자에게 법적인 도산절차가 개시된 경우, 어떻게 이용자 보호를 도모해야 하는가에 대해 이전부터 다양한 논의가 있었다.

이 점에 관해 개정법에서는 암호자산교환업자가 도산할 때, 맡고 있던 암호자산을 고객에게 우선적으로 반환하기 위한 규정으로서 암호자산교환업자에 대한 이용자의 암호자산 반환청구권에 관한 우선변제권을 인정하는 개정이 이루어졌다(제63조의19의2 제1항).[158] 이 규정은 대표적인 이용자 보호를 위한 개정 중 하나로 평가할 수 있다.

---

[158] 제63조의19의2(대상암호자산의 변제) ① 암호자산교환업자와의 사이에서 해당 암호자산교환업자가 암호자산을 관리하는 것을 내용으로 하는 계약을 체결한 자는 해당 암호자산교환업자에 대하여 보유한 암호자산의 이전을 목적으로 하는 채권과 관련하여 대상 암호자산(해당 암호자산교환업자가 제63조의11 제2항의 규정에 따라 자기의 암호자산과 구별하여 관리하는 암호자산교환업 이용자의 암호자산 및 이행보증암호자산을 말한다)에 대하여 **다른 채권자에 우선하여 변제를 받을 권리를 가진다.** ② 「민법」(1896년 법률 제89호) 제333조 의 규정은 전항의 권리에 준용한다. ③ 제1항의 권리의 실행에 관한 사항은 정령으로 정한다.

(4) 암호자산교환업의 범위 변경

 개정 전의 법률에서는 암호자산의 매매·교환이나 그 매개·중개·대리, 이들에 관한 고객의 암호자산 등의 관리를 업으로서 실시하는 것을 암호자산교환업이라 정의하고 있었다. 따라서 암호자산 매매 등의 거래를 하지 않고 이용자의 암호자산 관리만을 하는 업무는 암호자산교환업의 정의에 포함되지 않았으며 「자금결제법」상의 규제대상에서 제외되고 있었다. 이에 따라 Wallet Service(혹은 암호자산 Custody 업무 등으로 불리기도 함) 등의 형식으로 이용자에 대해 암호자산 관리만 하는 서비스는 규제대상에서 제외되고 있었다.

 그러나 Wallet Service 혹은 암호자산 Custody 업무도 사이버공격에 의한 고객의 암호자산 유출위험, 업자의 도산위험, 자금세탁이나 테러자금 공여위험 등, 암호자산교환업과 공통의 위험이 있으며, 암호자산은 인터넷을 통해 쉽게 국제간 이전이 가능하여 세계 각국과 협조와 대응이 요구된다.

 또한 2018년 10월에 채택된 개정 국제자금세탁방지기구(FATF) 권고에서는 암호자산 Custody 업무를 실시하는 업자도 자금세탁·테러자금 공여 규제의 대상으로 하도록 각국에 요구하고 있다. 이에 개정법에서는 "타인을 위해 암호자산을 관리하는 것을 업으로 하는 것"을 암호자산교환업의 정의에 포함시키게 되었다.

 따라서 Wallet Service만 제공하는 사람에 대해서도 분리

관리 의무 등, 암호자산 관리에 관한 규정이 적용되게 되었다.

(5) 거래의 적정화 등을 위한 대응

암호자산 중에는 이전기록이 공개되지 않아 추적이 어렵기 때문에 자금세탁·테러자금 공여 등에 이용될 우려가 높다거나 이전(移轉)기록의 유지·갱신에 취약성을 갖는 경우가 있다. 이러한 문제점으로 인해 이용자 보호 등의 관점에서 문제가 있는 암호자산을 교환업자가 취급하지 않도록 하기 위한 조치를 강구할 필요성이 제기되었다.

이에 교환업자가 취급하는 암호자산의 변경을 사후신고의 대상으로 하고 있던 규정을 개정법에서는 사전신고의 대상으로 하고 있다. 즉, 교환업자가 취급하는 암호자산의 명칭 또는 암호자산교환업의 내용 및 방법을 변경하는 경우에는 이를 사전신고의 대상으로 하였다.[159]

---

[159] 제63조의6(변경의 신고) ① 암호자산교환업자는 제63조의3 제1항 제7호나 제8호에 열거하는 사항 중 어느 하나를 변경하려는 때(암호자산교환업 이용자를 보호하지 못하거나 암호자산교환업의 적정하고 확실한 수행에 지장을 줄 우려가 적은 경우로서 내각부령으로 정하는 경우를 제외한다)에는 미리 그 내용을 내각총리대신에게 신고하여야 한다. ② 암호자산교환업자는 제63조의3 제1항 각호에 열거하는 사항 중 어느 하나가 변경되었을 때(전항의 규정에 따른 신고를 한 경우를 제외한다)에는 지체없이 그 사실을 내각총리 대신에게 신고하여야 한다. ③ 내각총리대신은 전 2항의 규정에 따른 신고를 수리하였을 때에는 신고된 사항을 암호자산교환업자 등록부에 등록하여야 한다.

또한 일본가상화폐교환업협회의 자율규제규칙에는 자금세탁, 테러자금 공여대책 등의 관점에서 익명성이 높은 암호자산의 취급을 금지하는 등, 취급에 신중한 판단을 요하도록 하는 암호자산에 관한 규정 등이 있다. 이러한 규정 등을 통해 교환업자가 취급하는 암호자산의 심사에 있어서는 계속해서 금융청과 협회가 연계하도록 하고 있다.

(6) 과대광고 등의 금지 및 이용자 보호 규정정비

부당한 권유의 억제나 이용자 보호를 위한 그 밖의 규정정비로 개정법에서는 자산보호를 위한 규정정비 이외에도 허위표시·과대광고 금지 및 투기를 조장하는 광고와 권유금지가 포함되어 있다(제63조의9의3).[160]

---

[160] 제63조의9의3(금지행위) 암호자산교환업자 또는 그 임원이나 사용인은 다음에 열거하는 행위를 해서는 아니 된다. 1. 암호자산교환업의 이용자를 상대방으로 하여 제2조 제15항 각호에 열거하는 행위를 하는 것을 내용으로 하는 계약의 체결 또는 그 권유(제3호에서 "암호자산교환계약의 체결 등"이라 한다)를 할 때, 거짓표시를 하거나 암호자산의 성질, 그 밖에 내각부령으로 정하는 사항(다음 호에서 "암호자산의 성질 등"이라 한다)에 관하여 상대방이 오인할 수 있는 표시를 하는 행위 2. 그 수행하는 암호자산교환업에 관하여 광고를 할 때, 거짓 표시를 하거나 암호자산의 성질 등에 관하여 다른 사람이 오인할 수 있는 표시를 하는 행위 3. 암호자산교환계약의 체결 등을 할 때 또는 그 수행하는 암호자산교환업에 관하여 광고를 할 때, 지급수단으로서 이용할 목적이 아니라 오직 이익을 도모할 목적으로 암호자산의 매매나 다른 암호자산과의 교환을 조장할 수 있는 표시를 하는 행위 4. 전 3호에 열거하는 사항 외에 암호자산교환업 이용자를 보호하지 못하거나 암호자산교환업의 적정하고 확실한 수행에 지장을 줄 우려가 있는 것으로서 내각부령으로 정하는 행위

또한 암호자산의 신용거래에 대해 암호자산교환업자가 이용자에게 신용을 공여하고 암호자산의 교환 등을 하는 경우에, 그 교환 등과 관련된 계약내용에 대한 정보제공, 기타 이용자 보호 및 업무의 적정하고 확실한 수행확보를 위해 필요한 조치를 강구하도록 규정하고 있다.[161]

4. 범죄에 의한 수익 이전 방지에 관한 법률

일본에서도 FATF의 권고에 의한 자금의 규제, 국제조직범죄방지협약 및 테러자금공여방지조약에 의한 자금세탁의 방지와 그 처벌, 안전보장이사회의 결의에 의한 자금의 동결 등 국제사회의 움직임에 발맞춰 국내 이행 입법 등을 통한 단계적인 진전을 이루고 있다.[162]

범죄수익이전방지법은 자금세탁의 대책에 있어서 국제협력을 추진하기 위해 FATF의 40개의 권고사항을 토대로 2007년 3월 31일 제정되어 국내외의 정세 변화 등에 따라 수차에 걸쳐 개정되어 그 기능이 강화되어 왔다.

범죄수익이전방지법상 자금세탁의 대책 등을 효과적으로 추진하기 위해서는 수사기관 등에 의한 수사는 물론 국제적

---

161) 김경석, "일본 가상화폐 규제 관련 법제 동향1"(2021)/file:///C:/Users/Samsung /Downloads/ 4-2%20(1).pdf

162) 자금세탁은 어느 한 나라의 규제가 강화되면 보다 규제가 완만한 나라로 빠져나가 이루어지기 때문에 그 대책에는 국제적인 협조가 불가결하다. 그 때문에 각국의 자금세탁 대책은 FATF가 수립한 권고 등을 기준으로 그 대책을 진행하고 있다.

인 협력에 의한 활동을 적극적으로 계속해서 추진해 나가는 것이 필요하며, 이를 위해서는 특정 사업자나 그 고객 등 국민의 이해와 협력이 필수 불가결하다. 이는 결국 자금세탁방지 및 테러자금조달방지의 사전적·예방적 관점을 중요시하는 것으로 우리에게도 시사점을 준다.[163]

---

163) 김현우, "일본의 범죄수익이전방지제도에 관한 검토"(2024), 65-79면.

제 3 장 가상자산이용자보호법

제 1 절 가상자산 관련 기관
제 2 절 가상자산사업자
제 3 절 불공정거래의 규제
제 4 절 감독 및 처분 등
제 5 절 벌칙

제1절 가상자산 관련 기관

1. 가상자산위원회

가. 금융위원회 내 설치

이 법 또는 다른 법령에 따른 가상자산시장 및 가상자산사업자에 대한 정책 및 제도에 관한 사항의 자문을 위하여 **금융위원회내** 가상자산위원회를 둔다(제5조 제1항, 영 제4조 제1항).

나. 가상자산위원회의 구성

위원회는 위원장 1명을 포함하여 **15명 이내의 위원**으로 구성하며(영 제4조 제2항), 위원회의 위원장은 **금융위원회 부위원장**이 된다(영 제4조 제3항).

다. 가상자산위원회 위원의 자격

위원회의 위원은 다음의 사람 중에서 **금융위원회 위원장**이 성별을 고려하여 임명 또는 위촉하며(영 제4조 제4항).

① 금융위원회의 3급 이상 공무원 또는 고위공무원단에 속하는 공무원
② 가상자산 관련 중앙행정기관의 3급 이상 공무원 또는 고위공무원단에 속하는 공무원으로서 해당 기관의 장이 지명하는 사람
③ 판사·검사·변호사로 7년 이상 재직한 사람
④ 「고등교육법」 제2조제1호에 따른 학교에서 부교수 이상으로 7년 이상 근무한 사람으로서 가상자산 관련 분야에 전문지식이 있는 사람
⑤ 가상자산 관련 기관·단체에서 3년 이상 근무한 사람
⑥ 소비자보호 분야에서 5년 이상 종사한 사람
⑦ 정보보호 또는 정보기술 분야의 기술자격을 취득한 사람으로서 해당 분야에서 5년 이상 근무한 사람

라. 가상자산위원회 위원의 임기

가상자산위원회의 민간위원의 임기는 **2년**으로 하며, 한 차례만 연임할 수 있으며(영 제5조 제5항), 임기가 만료된 경우에도 후임 위원이 위촉될 때까지 그 직무를 수행할 수 있다(영 제5조 제6항).

마. 가상자산위원회 위원의 해임·해촉

금융위원회 위원장은 위원회의 위원이 다음의 어느 하나

에 해당하는 경우에는 해당 위원을 해임하거나 해촉(解囑)할 수 있다(제5조).

① 심신쇠약 등으로 장기간 직무를 수행할 수 없게 된 경우
② 직무와 관련된 비위사실이 있는 경우
③ 직무태만, 품위손상이나 그 밖의 사유로 위원으로 적합하지 않다고 인정되는 경우
④ 제척 사유에 해당함에도 불구하고 회피하지 않은 경우
⑤ 위원 스스로 직무를 수행하는 것이 어렵다는 의사를 밝히는 경우

바. 가상자산위원회 위원의 제척·기피·회피

위원회의 위원이 다음의 어느 하나에 해당하는 경우에는 **위원회**의 심의·의결에서 제척(除斥)된다(영 제6조 제1항). 그리고 **당사자**는 위원에게 제척 사유가 있거나 공정한 심의·의결을 기대하기 어려운 사정이 있는 경우에는 위원회에 기피 신청을 할 수 있고, 위원회는 의결로 기피 여부를 결정한다. 이 경우 기피 신청의 대상인 위원은 그 의결에 참여하지 못한다(영 제6조 제2항). **위원**이 제척 사유에 해당하는 경우에는 스스로 해당 안건의 심의·의결에서 회피해야 한다(영 제6조 제3항).

① 위원 또는 그 배우자나 배우자였던 사람이 해당 안건의 당사자[164]가 되거나 그 안건의 당사자와 공동권리자 또는 공동의무자인 경우
② 위원이 해당 안건의 당사자와 친족이거나 친족이었던 경우

---

[164] 당사자가 법인·단체 등인 경우에는 그 임원을 포함한다.

③ 위원 또는 그 배우자나 배우자였던 사람이 속한 법인·단체 등이 해당 안건에 대하여 증언, 진술, 자문, 연구, 용역 또는 감정을 한 경우
④ 위원이나 위원이 속한 법인·단체 등이 해당 안건의 당사자의 대리인이거나 대리인이었던 경우
⑤ 위원이 해당 안건의 당사자가 속한 법인·단체 등에 임원 또는 직원으로 재직하고 있거나 최근 3년 내에 재직한 경우

사. 가상자산위원회의 운영

위원회의 **위원장**은 위원회를 대표하고, 위원회의 업무를 총괄한다(영 제7조 제1항). 위원회의 위원장이 부득이한 사유로 직무를 수행할 수 없을 때에는 위원회의 위원장이 미리 지명한 위원이 그 직무를 대행한다(영 제7조 제2항). 위원회의 회의는 **재적위원 과반수의 출석**으로 개의(開議)하고, **출석위원 과반수의 찬성**으로 의결한다(영 제7조 제3항). 그 외에 위원회의 운영에 필요한 사항은 위원회의 의결을 거쳐 위원회의 위원장이 정한다(영 제7조 제4항).

2. 관리기관

관리기관은 가상자산사업자가 다음의 어느 하나에 해당하게 된 경우에는 이용자의 청구에 따라 예치 또는 신탁된 예치금을 대통령령으로 정하는 방법과 절차에 따라 그 이용자에게 **우선하여 지급**하여야 한다(제6조 제4항).[165]

---

165) 영 제10조(예치금의 우선 지급 방법 및 절차) ① 관리기관은 법

① 사업자 신고가 말소된 경우
② 해산·합병의 결의를 한 경우
③ 파산선고를 받은 경우

 그리고 **누구든지** 관리기관에 예치 또는 신탁한 예치금을 상계·압류(가압류를 포함한다)하지 못한다(제6조). 이는 자본시장법상 투자자의 투자예치금을 보호하는 제도[166]를 도입한 것이

제6조 제4항에 따라 이용자에게 예치금을 우선하여 지급하는 경우에는 다음 각 호에서 정하는 바에 따라야 한다. 1. 다음 각 목의 방법에 따라 이용자에게 지급하는 금액을 산정할 것 가. 법 제6조제4항 각 호의 어느 하나에 해당하게 된 날을 기준으로 관리기관에 예치 또는 신탁되어 있는 예치금의 총액을 한도로 할 것 나. 관리기관에 예치 또는 신탁되어 있는 예치금의 총액을 이용자별 예치금의 총액으로 나눈 비율에 이용자별 예치금을 곱하여 산정할 것. 다만, 관리기관에 예치 또는 신탁되어 있는 예치금의 총액이 이용자별 예치금의 총액보다 크거나 같은 경우에는 이용자별 예치금 전액으로 한다. 2. 제1호에 따라 산정된 금액을 다음 각 목에서 정하는 절차를 거쳐 우선하여 지급할 것 가. 이용자 및 가상자산사업자로부터 예치금에 관한 자료 또는 정보를 확인할 것 나. 다음의 사항을 금융위원회가 정하여 고시하는 기간 내에 둘 이상의 일간신문과 관리기관의 인터넷 홈페이지 등에 공고할 것 1) 예치금의 지급 시기 및 장소 2) 그 밖에 예치금의 지급과 관련된 사항 ③ 제1항에서 규정한 사항 외에 예치금의 우선 지급 방법 및 절차에 관하여 필요한 세부 사항은 금융위원회가 정하여 고시한다.

166) 제74조(투자자예탁금의 별도예치) ① 투자매매업자 또는 투자중개업자는 투자자예탁금(투자자로부터 금융투자상품의 매매, 그 밖의 거래와 관련하여 예탁받은 금전을 말한다. 이하 같다)을 고유재산과 구분하여 증권금융회사에 예치(預置) 또는 신탁하여야 한다. ② 겸영금융투자업자 중대통령령으로 정하는 투자매매업자 또는 투자중개업자는 제1항에 불구하고 투자자예탁금을 제1항에 따른 예치 또는 신탁 외에 신탁업자(증권금융회사를 제외한다. 이하 이 조에서 같다)에게 신탁할 수 있다. 이 경우 그 투자매매업자 또는 투자중개업자가 신탁업을 영

다. **금융정보분석원장**은 특정금융정보법 가상자산사업자의 신고 또는 변경신고를 말소한 경우에는 그 사실을 관리기관에 통지해야 한다(영 제10조).

제2절 가상자산사업자

1. 가상자산사업자

가. 가상자산사업자의 개념

'가상자산사업자'(Virtual Asset Service Provider, VASP)란 가상

위하는 경우에는 「신탁법」 제3조 제1항에 불구하고 자기계약을 할 수 있다. ③ 투자매매업자 또는 투자중개업자는 제1항 또는 제2항에 따라 증권금융회사 또는 신탁업자(이하 이 조에서 "예치기관"이라 한다)에게 투자자예탁금을 예치 또는 신탁하는 경우에는 그 투자자예탁금이 투자자의 재산이라는 뜻을 밝혀야 한다. ④ 누구든지 제1항 또는 제2항에 따라 예치기관에 예치 또는 신탁한 투자자예탁금을 상계(相計)·압류(가압류를 포함한다)하지 못하며, 투자자예탁금을 예치 또는 신탁한 투자매매업자 또는 투자중개업자(이하 이 조에서 "예치금융투자업자"라 한다)는 대통령령으로 정하는 경우 외에는 예치기관에 예치 또는 신탁한 투자자예탁금을 양도하거나 담보로 제공하여서는 아니된다.

자산과 관련하여 다음의 어느 하나에 해당하는 행위를 영업으로 하는 자를 말한다(제2조제2호).

① 가상자산을 매도·매수(이하 '매매'라 한다)하는 행위
② 가상자산을 다른 가상자산과 교환하는 행위
③ 가상자산을 이전하는 행위 중 대통령령으로 정하는 행위[167]
④ 가상자산을 보관 또는 관리하는 행위
⑤ ① 및 ②의 행위를 중개·알선하거나 대행하는 행위

나. 주요 가상자산사업자[168]

(1) 빗썸(bithumb)

우리나라 가상화폐 거래소 1세대로 2014년 '엑스코인'

---

167) 영 제3조(가상자산 이전의 범위) 법 제2조 제2호 다목에서 "대통령령으로 정하는 행위"란 같은 호에 따른 영업을 하기 위해 가상자산을 하나의 가상자산주소(가상자산의 전송 기록 및 보관 내역의 관리를 위하여 전자적으로 생성시킨 고유식별번호를 말한다. 이하 같다)에서 다른 가상자산주소로 전송하는 등 이용자 상호 간에, 가상자산사업자 상호 간에 또는 이용자와 가상자산사업자 간에 가상자산을 전송하는 행위를 말한다.

168) 2025년 10월 22일 기준, 신고한 가상자산사업자는, 업비트, 코빗, 코인원, 빗썸, 플라이빗, 고팍스, BTX, 포블, 코어닥스, KODA, KDAC, 비블록, 오케이비트, 빗크몬, 프라뱅, 보라비트, 오하이월렛, 하이퍼리즘, 오아시스, 커스텔라, 코인빗, 인피닛블록, 디에스알브이랩스, 비댁스, INEX(인엑스), 돌핀, 바우맨 등 27개사이다;https://www.kofiu.go.kr/kor/notification/notice_view.do?ntcnYardOrdrNo=194&seCd=0007

이라는 이름으로 암호화폐 거래 서비스를 시작하였고, 2015년 현재의 명칭인 '빗썸'으로 변경했다.

이 거래소는 정보보호 관계 법령을 준수하고 있으며, 24시간 상시 모니터링, 지속적인 외부 보안 컨설팅을 통해 금융업계와 맞먹는 보안시스템을 구축하고 있다. 대한민국 암호화폐 거래소 최초로 오프라인 고객센터를 운영하고 있다.

비트코인 초창기엔 국내 가상화폐 거래소에서 선점하며 많은 이용자들이 있었지만, 다양한 사건사고와 서버 마비 등 심각한 결함때문에 업비트에게 국내 1위 자리를 넘겨주고 말았다.

빗썸을 운영하는 비티씨코리아는 2014년 1월, 자본금 5,000만원으로 설립하였으며, 설립 첫해인 2014년의 매출은 약 4,200만원 정도였다. 이후 2015년 18억 6,000만원, 2016년 43억 2,000만원으로 급격히 증가하였다. 매출성장세가 상당하지만, 통상적으로 사업초기엔 비용이 많이 들어가기 때문에 순이익은 그리 크지 않았을 것으로 예측한다.

2016년 직원이 20여명에 불과했던 비티씨코리아는 2017년 직원 850명의 중견기업으로 성장했다. 하지만 매출이나 영업이익 등 기초적인 정보는 공개하지 않고 있다. 공식적으로 공개하는 정보는 빗썸을 통한 거래규모가 유일하다. 비티씨코리아는 지배구조가 거미줄처럼 얽혀 있다. 비티씨코리아의 주요 주주는 전자상거래 회사인 '엑스피씨'와 코스닥상장사인 '비덴트'와 '옴니텔' 등인데 이들 회사는 모두 김재욱 이티스트컴퍼니 대표의 소유이다. 김재욱은 빗썸 대표를 역임하다가 정보기술(IT) 전문가인 전수영 전 NHN엔터테인먼트 부회장을 대표로 영입한 뒤 자리에서 물러났다.

2018년 1월 11일, 서울지방국세청이 빗썸에 대한 세무조사를 시작했다. 이번 조사는 정부의 가상화폐 과세 움직임과 관련이 있다는 추측이다. 가상화폐 거래에 따른 차익 등에 과세하기 위해 세원을 파악해야 하며 가상화폐 거래소의 협조가 필수적이기 때문이다.[169]

(2) 코인원(Coinone)

코인원은 2014년에 설립되었으며, 2022년 11월 29일부터 카카오뱅크와 실명확인 입출금 계좌 제휴를 맺어 원화 입출금 서비스를 제공한다.

2021년에는 빗썸·코빗과 함께 트래블 룰 합작법인 CODE(COnnect Digital Exchanges)를 설립해 국내 기준에 부합하는 전송 규칙(Travel Rule) 솔루션을 구축했다. 그리고 2025년 8월에는 창업자 차명훈이 대표이사직에서 물러나 이사회 의장으로 이동하고, 이성현이 단독 대표이사로 선임되었다.[170]

(3) 코빗(Korbit)

한국 최초로 설립된 암호화폐 거래소이며, 2013년 유영석

---

169) https://ko.wikipedia.org/wiki/

170) https://ko.wikipedia.org/wiki/

과 김진화에 의해 '한국비트코인거래소'라는 이름으로 설립되어 세계 최초로 원화-비트코인 거래를 시작하였다. 이후 현재의 이름인 '코빗'으로 명칭을 변경하였고, 소프트뱅크, 팀 드레이퍼, DCG, 판테라 등의 최상급 펀드로부터 투자를 유치하였으며, 2017년 글로벌 게임개발 업체인 넥슨의 모회사 ㈜NXC에 인수되어 이 회사의 계열사가 되었다.

현재 비트코인, 이더리움, 리플, BNB, 솔라나 등 총 124종의 가상자산이 상장되어 있다. 2023년 현재 원화 실명계좌 거래가 가능한 5대 거래소 중 한 곳으로 코빗은 신한은행 실명계좌를 통해 거래할 수 있다. 더불어 코빗 유튜브나 코빗 리서치가 양질의 정보 제공으로 유명하다. 또한, 2021년부터 경쟁회사 업비트와 더불어 NFT 서비스를 시작하였다.[171]

(4) 업비트(UPbit)

주식회사 '두나무'에 의해 2017년 10월 출시한 암호화폐 거래소이다. 업비트의 운영회사인 두나무는 2012년 출범하였다. 2014년 카카오톡 연동 주식 거래 서비스인 '카카오스탁'을 위탁 개발하고 운영해본 경험을 갖고 있었다. 이 경험을 바탕으로 글로벌 암호화폐 거래소인 '비트렉스(Bittrex)'와 독점 제휴를 통해 2017년 10월 대한민국에 암호화폐 거래소인 '업비트'를 출시하였다.

이후 단숨에 대한민국의 거래규모 1위로 올라서며 주목을

---

[171] https://namu.wiki/

받게 된다. 한동안 거래 점유율 1위를 지키던 라이벌 거래소인 '빗썸'이 보안 문제로 거래가 줄어드는 동안 신생 거래소였던 업비트가 치고 올라온 것이다.

다른 암호화폐 거래소에서는 거래 가능한 암호화폐가 10~30종에 불과하지만 약 200개의 암호화폐를 다루는 비트렉스와 제휴한 업비트는 100종 이상을 복잡한 과정을 거치지 않고 거래할 수 있어 인기를 끌었다. 그리고 카카오톡 계정을 이용해 손쉽게 계좌 개설과 로그인을 할 수 있는 것도 큰 장점이었다. PC·모바일 앱을 통해 24시간 실거래가 가능하며, 언제 어디서나 계좌를 모니터링하고 거래할 수 있도록 락스크린, 실시간 알림 등 모바일에 최적화된 서비스를 지원하고 있다.[172]

2. 가상자산의 분리 관리

가. 고유재산과 가상자산의 분리 관리

가상자산사업자는 이용자[173]의 예치금[174]을 **고유재산과 분**

---

172) https://ko.wikipedia.org/wiki/

173) '이용자'란 가상자산사업자를 통하여 가상자산을 매매, 교환, 이전 또는 보관·관리하는 자를 말한다.

174) 이용자로부터 가상자산의 매매, 매매의 중개, 그 밖의 영업행위와 관련하여 예치받은 금전을 말한다. 이하 같다.

리하여 은행 등 대통령령으로 정하는 공신력 있는 기관(이하 '관리기관'이라 한다)175)에 대통령령으로 정하는 방법에 따라 예치 또는 신탁하여 관리하여야 한다(제6조).176)

---

175) 영 제8조(예치금의 보호) ① 법 제6조 제1항에서 "「은행법」에 따른 은행 등 대통령령으로 정하는 공신력 있는 기관"이란 다음 각 호의 기관을 말한다. 1. 은행 2.「농업협동조합법」에 따른 농협은행 3.「수산업협동조합법」에 따른 수협은행 4.「중소기업은행법」에 따른 중소기업은행

176) 영 제8조(예치금의 보호) ② 가상자산사업자는 법 제6조 제1항에 따라 이용자의 예치금(이용자로부터 가상자산의 매매, 매매의 중개, 그 밖의 영업행위와 관련하여 예치받은 금전을 말한다. 이하 같다)을 고유재산과 분리하여 제1항 각 호의 기관(이하 "관리기관"이라 한다)에 예치 또는 신탁하여 관리할 때에는 해당 관리기관과 다음 각 호의 사항이 포함된 계약을 체결해야 한다. 1. 예치금을 관리기관의 자기재산과 구분하여 관리할 것 2. 예치금을 다음 각 목의 어느 하나에 해당하는 방법으로 운용하고 그 수익을 가상자산사업자에게 지급할 것 가. 국채증권 또는 지방채증권의 매수 나. 다음의 어느 하나에 해당하는 기관이 지급을 보증한 채무증권의 매수 1) 정부 또는 지방자치단체 2) 은행 등 금융위원회가 정하여 고시하는 금융회사 다. 그 밖에 예치금의 안전한 운용을 저해할 우려가 없는 방법으로서 금융위원회가 정하여 고시하는 방법 3. 가상자산사업자가 법 제6조 제4항 각 호의 어느 하나에 해당하게 된 경우에는 그 사실을 즉시 관리기관에 알리고 예치금을 이용자에게 우선하여 지급하는 데에 필요한 자료를 제공할 것 ③ 법 제6조 제1항에 따라 가상자산사업자가 관리기관에 예치 또는 신탁해야 하는 예치금은 이용자별 예치금(이용자별로 제1호의 금액에서 제2호의 금액을 뺀 금액을 말한다. 이하 같다)의 총액의 100분의 100 이상으로 한다. 1. 다음 각 목의 금액의 합계액 가. 이용자가 가상자산의 매매, 그 밖의 거래를 위해 예치한 금액 나. 예치금의 이용료 등 가상자산사업자가 이용자에게 지급한 금액 2. 수수료 등 이용자가 행한 가상자산의 매매, 그 밖의 거래와 관련된 모든 비용액 ④ 제2항 및 제3항에서 규정한 사항 외에 예치금의 예치·신탁 및 관리에 필요한 세부

가상자산사업자는 관리기관에 이용자의 예치금을 예치 또는 신탁하는 경우에는 그 예치금이 이용자의 재산이라는 뜻을 밝혀야 한다(제6조 제2항). 이는 예치금에 대하여 가상자산사업자나 관리기관의 채권자가 압류 및 가압류를 예방하기 위한 것인데, 이 규정이 있더라도 법적 분쟁을 명확히 예방할 수 없으므로 보완 입법이 필요하다.[177]

그리고 대통령령으로 정하는 경우[178] 외에는 관리기관에 예치 또는 신탁한 예치금을 양도하거나 담보로 제공하여서는 아니된다(제6조 제3항).

나. 자기의 가상자산과 이용자의 가상자산의 분리 관리

가상자산사업자는 **자기**의 가상자산과 **이용자**의 가상자산을 분리하여 보관하여야 하며, 이용자로부터 위탁받은 가상자산과 동일한 종류와 수량의 가상자산을 실질적으로 보유하여야 한다(제7조 제2항).

사항은 금융위원회가 정하여 고시한다.

[177] 김홍기, 『자본시장법』(2024), 744면.

[178] 영 제9조(예치금의 양도 또는 담보 제공 금지의 예외) 법 제6조 제3항에서 "대통령령으로 정하는 경우"란 다음 각 호의 어느 하나에 해당하는 경우를 말한다. 1. 가상자산사업자가 다른 회사에 흡수합병되거나 다른 회사와 신설합병함에 따라 그 합병 후 존속하거나 신설되는 회사에 예치금을 양도하는 경우 2. 가상자산사업자가 영업의 전부나 일부를 양도하는 경우로서 양도계약에 따라 양수인에게 예치금을 양도하는 경우 3. 그 밖에 이용자의 권익을 해칠 우려가 없는 경우로서 금융위원회가 정하여 고시하는 경우

다. 인터넷과 분리 관리

 가상자산사업자는 이용자의 가상자산 중 대통령령으로 정하는 비율[179] 이상의 가상자산을 **인터넷과 분리**하여 안전하게 보관하여야 한다(제7조제3항).

3. 이용자명부의 작성

 가상자산사업자가 이용자로부터 위탁을 받아 가상자산을

---

179) 영 제11조(가상자산의 보관) ① 가상자산사업자는 법 제7조 제3항에 따라 이용자의 가상자산 중 **100분의 70 이상의 범위에서 금융위원회가 정하여 고시하는 비율** 이상의 가상자산을 인터넷과 분리하여 안전하게 보관해야 한다. 다만, 해킹, 배임, 영업의 폐지 및 이에 준하는 사유가 발생했거나 발생할 우려가 있는 경우에는 금융위원회가 별도로 정하여 가상자산사업자에게 통보하는 비율에 따라 보관해야 한다. ② 법 제7조 제4항에서 "대통령령으로 정하는 보안기준"이란 다음 각 호의 기준을 말한다. 1. 이용자의 가상자산을 안전하게 보관하기 위하여 다음 각 목의 사항이 포함된 업무지침을 마련하여 시행하고 수탁기관의 인터넷 홈페이지 등에 공시할 것 가. 위험관리 및 사고 예방에 관한 사항 나. 이해상충 방지체계에 관한 사항 다. 가상자산의 재위탁 금지에 관한 사항 라. 가목부터 다목까지의 규정에 준하는 사항으로서 가상자산의 안전한 보관을 위해 필요한 사항 2. 가상자산의 보관을 위한 정보시스템의 안전성 및 보안성을 금융위원회가 정하여 고시하는 기준에 따라 연 1회 이상 점검·평가할 것 3. 가상자산사업자로부터 위탁받은 가상자산 전부를 인터넷과 분리하여 안전하게 보관할 것 4. 그 밖에 가상자산의 안전한 보관을 위해 필요한 사항으로서 금융위원회가 정하여 고시하는 기준

보관하는 경우 다음의 사항을 기재한 **이용자명부를 작성·비치**하여야 한다(제7조).

① 이용자의 주소 및 성명
② 이용자가 위탁하는 가상자산의 종류 및 수량
③ 이용자의 가상자산주소[180]

4. 위탁보관 가능

가상자산사업자는 이용자의 가상자산을 대통령령으로 정하는 **보안기준을 충족하는 기관**에 위탁하여 보관할 수 있다(제7조제4항).

이는 가상자산사업자가 위탁보관을 임의적으로 선택할 수 있도록 하였는데, 이용자의 안전을 위하여 위탁보관을 의무화 할 필요가 있다.[181]

5. 보험의 가입 등

가상자산사업자는 해킹·전산장애 등 대통령령으로 정하는 사고[182]에 따른 책임을 이행하기 위하여 금융위원회가 정

---

180) 가상자산의 전송 기록 및 보관 내역의 관리를 위하여 전자적으로 생성시킨 고유식별번호를 말한다.
181) 김홍기, 『자본시장법』(2024), 746면.

하여 고시하는 기준에 따라 **보험 또는 공제**에 가입하거나 **준비금**을 적립하는 등 필요한 조치를 하여야 한다(제8조).

6. 거래기록의 생성·보존 및 파기

가상자산사업자는 매매 등 가상자산거래의 내용을 추적·검색하거나 그 내용에 오류가 발생할 경우 이를 확인하거나 정정할 수 있는 기록(이하 '가상자산거래기록'이라 한다)[183]을 그 거래관

---

182) 영 제12조(보험사고의 범위) 법 제8조에서 "해킹·전산장애 등 대통령령으로 정하는 사고"란 다음 각 호의 어느 하나에 해당하는 사고를 말한다. 1. 접근매체(가상자산거래에 사용되는 수단 또는 정보로서 「전자금융거래법」 제2조 제10호 각 목의 어느 하나에 해당하는 수단 또는 정보를 말한다. 이하 이 조에서 같다)의 위조나 변조로 발생한 사고 2. 법 제2조 제2호 각 목의 행위에 관한 계약 체결, 거래지시(이용자가 가상자산사업자에게 가상자산의 매매, 교환, 이전 또는 보관·관리 등의 처리를 지시하는 것을 말한다) 등에 관한 정보의 전자적 전송이나 처리 과정에서 발생한 사고 3. 가상자산거래를 위한 「정보통신망 이용촉진 및 정보보호 등에 관한 법률」 제2조 제1항 제1호에 따른 정보통신망(이하 "정보통신망"이라 한다) 또는 컴퓨터 등 전자적 장치에 침입하여 거짓이나 그 밖의 부정한 방법으로 획득한 접근매체를 이용함으로써 발생한 사고 4. 다음 각 목의 방법으로 가상자산거래를 위한 정보통신망, 이와 관련된 정보시스템 또는 가상자산을 발행·관리하는 네트워크를 공격하는 행위로 인하여 발생한 사고 가. 해킹, 컴퓨터바이러스, 논리폭탄, 메일폭탄, 서비스거부 또는 고출력 전자기파 등의 방법 나. 정보통신망의 정상적인 보호·인증 절차를 우회하여 정보통신망에 접근할 수 있도록 하는 프로그램이나 기술적 장치 등을 정보통신망 또는 이와 관련된 정보시스템에 설치하는 방법 5. 그 밖에 금융위원회가 정하여 고시하는 사고

183) 영 제13조(가상자산거래기록의 종류) 법 제9조 제1항에 따른 가

계가 종료한 때부터 **15년간 보존**하여야 한다(제9조 제1항).

보존하여야 하는 가상자산거래기록의 종류, 보관방법, 파기절차·방법 등에 관하여는 대통령령으로 정한다(제9조 제2항).184)

상자산거래기록(이하 "가상자산거래기록"이라 한다)의 종류는 다음 각 호와 같다. 1. 가상자산의 종류에 관한 기록 2. 다음 각 목의 가상자산거래 내역에 관한 기록 가. 가상자산거래를 하는 이용자 나. 가상자산거래의 상대방 다. 가상자산거래의 일시·종류·수량 및 금액 라. 이용자의 주문정보[가상자산거래기록의 보관 주체가 가상자산거래소(가상자산시장을 개설·운영하는 가상자산사업자를 말한다. 이하 같다)인 경우만 해당한다] 마. 거래지시의 변경 등에 따른 가목부터 라목까지의 규정에 해당하는 사항의 변경 내역 3. 가상자산거래가 이루어진 가상자산주소에 관한 기록 4. 가상자산거래에 사용된 컴퓨터 등 전자적 장치의 종류(그 장치를 식별할 수 있는 정보를 포함한다)에 관한 기록 및 그 접속기록 5. 법 제11조 제2항에 따른 가상자산 입금 또는 출금의 차단 사실 및 그 사유에 관한 기록 6. 법 제12조 제1항에 따른 이상거래의 상시 감시 및 조치 결과에 관한 기록 7. 법 제12조 제2항에 따른 불공정거래행위 관련 사항의 통보, 신고 및 보고에 관한 기록 8. 가상자산사업자가 가상자산거래의 대가로 받은 수수료에 관한 기록 9. 그 밖에 가상자산거래의 내용을 추적·검색하거나 오류를 확인·정정하기 위해 필요한 기록으로서 금융위원회가 정하여 고시하는 기록

184) 영 제14조(가상자산거래기록의 보관 및 파기 등) ① 법 제9조 제2항에 따른 가상자산거래기록의 보관방법에 관하여는 「전자금융거래법 시행령」 제12조 제3항 및 제4항을 준용한다. ② 법 제9조 제2항에 따른 가상자산거래기록의 파기절차와 방법에 관하여는 「개인정보 보호법 시행령」 제16조를 준용한다. ③ 제1항 및 제2항에서 규정한 사항 외에 가상자산거래기록의 보관 및 파기 등에 관하여 필요한 세부 사항은 금융위원회가 정하여 고시한다.

제3절 불공정거래의 규제

1. 미공개중요정보의 이용 금지

다음의 어느 하나에 해당하는 자는 가상자산에 관한 **미공개중요정보**[185]를 해당 가상자산의 매매, 그 밖의 거래에 이

---

185) 이용자의 투자판단에 중대한 영향을 미칠 수 있는 정보로서 **대통령령으로 정하는 방법**에 따라 불특정 다수인이 알 수 있도록 공개되기 전의 것을 말한다. 이하 같다.
영 제15조(미공개중요정보의 범위) 법 제10조 제1항 각 호 외의 부분에서 "**대통령령으로 정하는 방법**"이란 가상자산사업자 및 가상자산을 발행하는 자(법인인 경우를 포함한다. 이하 같다) 또는 그로부터 공개 권한을 위임받은 자가 다음 각 호의 어느 하나에 해당하는 방법으로 정보를 공개하고 해당 호에서 정한 기간이나 시간이 지나는 것을 말한다. 1.「신문 등의 진흥에 관한 법률」에 따른 일반일간신문 또는 경제분야의 특수일간신문 중 전국을 보급지역으로 하는 둘 이상의 신문에 그 내용이 게재된 정보: 게재된 날의 다음 날 0시부터 6시간. 다만, 같은 법에 따른 전자간행물의 형태로 게재된 경우에는 게재된 때부터 6시간으로 한다. 2.「방송법」에 따른 방송 중 전국에서 시청할 수 있는 지상파방송을 통해 그 내용이 방송된 정보: 방송된 때부터 6시간 3.「뉴스통신 진흥에 관한 법률」에 따른 연합뉴스사를 통해 그 내용이 제공된 정보: 제공된 때부터 6시간 4. 가상지산거래소가 자신이 설치·운영하는 전자전달매체를 통해 그

용하거나 타인에게 이용하게 하여서는 아니 된다(제10조 제1항).

① 가상자산사업자, 가상자산을 발행하는 자(법인인 경우를 포함한다. 이하 이 조에서 같다) 및 그 임직원·대리인으로서 그 직무와 관련하여 미공개중요정보를 알게 된 자
② 위 ①의 자가 법인인 경우 주요주주[186]로서 그 권리를 행사하는 과정에서 미공개중요정보를 알게 된 자
③ 가상자산사업자 또는 가상자산을 발행하는 자에 대하여 법령에 따른 허가·인가·지도·감독, 그 밖의 권한을 가지는 자로서 그 권한을 행사하는 과정에서 미공개중요정보를 알게 된 자
④ 가상자산사업자 또는 가상자산을 발행하는 자와 계약을 체결하고 있거나 체결을 교섭하고 있는 자로서 그 계약을 체결·교섭 또는 이행하는 과정에서 미공개중요정보를 알게 된 자
⑤ 위 ②부터 ④까지의 어느 하나에 해당하는 자의 대리인[187]·사용인,

내용을 공개한 정보: 공개된 때부터 6시간. 다만, 공개된 시점이 대한민국 표준시를 기준으로 공개된 날의 18시부터 공개된 날의 다음 날 3시 사이인 경우에는 공개된 날의 다음 날 0시부터 9시간으로 한다. 5. 가상자산을 발행하는 자 또는 그로부터 공개 권한을 위임받은 자가 다음 각 목의 요건을 모두 갖춘 인터넷 홈페이지 또는 해당 요건을 모두 갖춘 전자전달매체를 통해 그 내용을 공개한 정보: 공개된 때부터 1일 가. 불특정 다수인이 접근할 수 있을 것 나. 가상자산의 총 발행량, 유통량 계획, 사업계획 등 이용자의 합리적인 투자판단이나 해당 가상자산의 가치에 중대한 영향을 미칠 수 있는 정보를 최근 6개월간(가상자산 발행 후 6개월이 경과하지 않은 경우에는 발행일부터 그 내용을 공개한 날까지를 말한다) 계속적으로 게재했을 것 6. 금융위원회가 정하여 고시하는 방법으로 그 내용이 공개된 정보: 금융위원회가 정하여 고시하는 기간이나 시간이 경과한 때

186) 「금융회사의 지배구조에 관한 법률」 제2조 제6호 나목에 따른 주요주주를 말한다. 이 경우 '금융회사'는 '법인'으로 본다.

그 밖의 종업원188)으로서 그 직무와 관련하여 미공개중요정보를 알게 된 자
⑥ 위 ①부터 ⑤까지의 어느 하나에 해당하는 자189)로부터 미공개중요정보를 받은 자
⑦ 그 밖에 이에 준하는 자로서 대통령령으로 정하는 자

2. 시장교란행위 금지

누구든지 **가상자산의 매매**에 관하여 그 매매가 성황을 이루고 있는 듯이 잘못 알게 하거나, 그 밖에 타인에게 그릇된 판단을 하게 할 목적으로 다음의 어느 하나에 해당하는 행위를 하여서는 아니 된다(제10조 제2항).

① 자기가 매도하는 것과 같은 시기에 그와 같은 가격으로 타인이 가상자산을 매수할 것을 사전에 그 자와 서로 짠 후 매매를 하는 행위
② 자기가 매수하는 것과 같은 시기에 그와 같은 가격으로 타인이 가상자산을 매도할 것을 사전에 그 자와 서로 짠 후 매매를 하는 행위
③ 가상자산의 매매를 할 때 그 권리의 이전을 목적으로 하지 아니하는 거짓으로 꾸민 매매를 하는 행위

---

187) 이에 해당하는 자가 법인인 경우에는 그 임직원 및 대리인을 포함한다.

188) 위 ②부터 ④까지의 어느 하나에 해당하는 자가 법인인 경우에는 그 임직원 및 대리인.

189) 위 ①부터 ⑤까지의 어느 하나의 자에 해당하지 아니하게 된 날부터 1년이 경과하지 아니한 자를 포함한다.

④ 위 ①부터 ③까지의 행위를 위탁하거나 수탁하는 행위

 누구든지 가상자산의 **매매를 유인할** 목적으로 가상자산의 매매가 성황을 이루고 있는 듯이 잘못 알게 하거나 그 시세를 변동 또는 고정시키는 매매 또는 그 위탁이나 수탁을 하는 행위를 하여서는 아니 된다(제10조 제3항).

 누구든지 가상자산의 매매, 그 밖의 거래와 관련하여 다음의 행위를 하여서는 아니 된다(제10조 제4항).

① 부정한 수단, 계획 또는 기교를 사용하는 행위
② 중요사항에 관하여 거짓의 기재 또는 표시를 하거나 타인에게 오해를 유발시키지 아니하기 위하여 필요한 중요사항의 기재 또는 표시가 누락된 문서, 그 밖의 기재 또는 표시를 사용하여 금전, 그 밖의 재산상의 이익을 얻고자 하는 행위
③ 가상자산의 매매, 그 밖의 거래를 유인할 목적으로 거짓의 시세를 이용하는 행위
④ 위 ①부터 ③까지의 행위를 위탁하거나 수탁하는 행위

3. 특수관계인과의 거래 금지

 가상자산사업자는 다음의 어느 하나에 해당하는 경우 외에는 **자기** 또는 대통령령으로 정하는 **특수한 관계에 있는 자**(이하 '특수관계인'이라 한다)[190]가 발행한 가상자산의 매매, 그 밖의

---

190) 영 제16조(자기발행 가상자산 거래 금지의 범위) ① 법 제10조

거래를 하여서는 아니 된다(제10조 제5항).

① 특정 재화나 서비스의 지급수단으로 발행된 가상자산으로서 가상자산사업자가 이용자에게 약속한 특정 재화나 서비스를 제공하고, 그 반대급부로 가상자산을 취득하는 경우
② 가상자산의 특성으로 인하여 가상자산사업자가 불가피하게 가상자산을 취득하는 경우로서 불공정거래행위의 방지 또는 이용자와의 이해상충 방지를 위하여 대통령령으로 정하는 절차와 방법을 따르는 경우

4. 손해배상책임

이상의 불공정거래행위를 한 자는 그 위반행위로 인하여

제5항 각 호 외의 부분에서 "대통령령으로 정하는 특수한 관계에 있는 자"란「금융회사의 지배구조에 관한 법률 시행령」 제3조 제1항에 따른 특수관계인(이하 "특수관계인"이라 한다)을 말한다.
② 법 제10조 제5항 제2호에서 "대통령령으로 정하는 절차와 방법"이란 다음 각 호의 방법과 절차를 말한다. 1. 가상자산사업자가 자기 또는 특수관계인이 발행한 가상자산을 취득한 후 지체 없이 자기가 설치·운영하는 전자전달매체(가상자산사업자가 가상자산거래소인 경우로 한정한다) 및 인터넷 홈페이지를 통해 다음 각 목의 사항을 공시하고, 그 명세를 분기별로 금융위원회에 제출할 것 가. 가상자산의 취득에 관한 다음의 사항 1) 가상자산의 종류, 수량 및 금액 2) 가상자산 취득 사유 3) 가상사산 취득 경위 및 가상자산사업자의 준법감시인(준법감시인이 없는 경우에는 감사 또는 이에 준하는 사람을 말한다)이 그 경위를 확인했다는 사실 4) 특수관계인과의 관계 나. 가상자산 처분계획 2. 그 밖에 불공정거래행위의 방지 또는 이용자와의 이해상충 방지를 위해 금융위원회가 정하여 고시하는 방법과 절차

이용자가 그 가상자산의 매매, 그 밖의 거래와 관련하여 입은 **손해를 배상할 책임**이 있다(제10조).

5. 임의적 입·출금 차단 금지

가상자산사업자는 이용자의 가상자산에 관한 입금 또는 출금을 대통령령으로 정하는 **정당한 사유 없이 차단**하여서는 아니 된다(제11조). 대통령령으로 정하는 정당한 사유는 다음과 같다(영 제17조).

① 다음 각 목의 어느 하나에 해당하는 사유로 이용자의 가상자산에 관한 입금 또는 출금을 정상적으로 수행할 수 없는 경우
(가) 가상자산 정보시스템[191]에 전산장애가 발생하거나 가상자산 정보시스템을 보수·점검하는 등 그 이용이 불가능한 경우
(나) 가상자산 거래를 위한 정보통신망에 전산장애가 발생하거나 정보통신망을 보수·점검하는 등 정보통신망의 이용이 불가능한 경우
(다) 관리기관 또는 특정금융정보법 제7조 제3항 제2호에 따라 실명확인이 가능한 입출금 계정을 개설한 금융회사등의 정보통신망에 전산장애가 발생하거나 정보통신망을 보수·점검하는 등 정보통신망의 이용이 불가능한 경우
(라) 이용자의 가상자산거래의 상대방이 이용하는 가상자산 정보시스템에 전산장애가 발생하는 등의 사유로 상대방이 가상자산에 관한 입금 또는 출금을 정상적으로 수행할 수 없는 경우

---

191) 가상자산거래를 위한 정보시스템 및 가상자산을 발행·관리하는 네트워크를 말한다. 이하 같다.

(마) 가상자산거래소가 해당 가상자산의 거래지원 종료192) 절차를 진행하는 경우(해당 가상자산에 관한 입금을 차단하는 경우만 해당한다)
(바) 가상자산사업자가 자신이 실제 보관하는 가상자산과 이용자가 위탁한 가상자산의 현황을 대조하는 실사업무(實査業務)를 수행하는 경우
(사) 가상자산사업자가 특정금융정보법 제7조 제4항에 따른 직권말소, 같은 조 제5항에 따른 영업정지명령의 이행 또는 폐업 등의 사유로 법 제2조 제2호에 따른 영업을 종료하는 절차를 진행하는 경우193)
② 다음 각 목의 자에 대하여 제12조에 따른 사고가 발생했거나 발생할 것이 명백히 예상되는 경우로서 이용자 보호 및 보안을 위하여 가상자산에 관한 입금 또는 출금을 차단할 긴급한 필요가 있는 경우
(가) 가상자산사업자
(나) 가상자산을 발행하는 자
③ 법,「국세징수법」, 특정금융정보법 등 관계 법령에 따른 행정기관의 요청·명령 등에 따라 가상자산에 관한 입금 또는 출금을 차단하는 경우
④ 특정 금융거래정보법 제5조, 제5조의2, 제5조의3 및 제8조 등 관계 법령을 준수하기 위해 가상자산에 관한 입금 또는 출금을 차단할 필요가 있는 경우
⑤ 「전기통신금융사기 피해 방지 및 피해금 환급에 관한 특별법」 제2조 제2호에 따른 전기통신금융사기를 예방하고 전기통신금융사기로 인한 피해자의 피해금을 환급하기 위해 가상자산이 입금된 때부터 72시간의 범위에서 가상자산에 관한 출금을 차단하도록 정하고 있는 가상자산사업자의 가상자산거래에 관한 약관(이하 "가상자산거래약관"이라 한다)에 따라 가상자산에 관한 출금을 차단하는 경우

---

192) 특정 가상자산을 매매·교환하는 행위 또는 특정 가상자산의 매매 또는 교환을 중개·알선·대행하는 행위를 더 이상 수행하지 않는 것을 말한다. 이하 같다.
193) 가상자산에 관한 입금을 차단하는 경우만 해당한다.

⑥ 자금세탁행위 등 범죄행위를 예방하기 위해 가상자산거래가 특정금융거래정보법 제2조 제4호부터 제6호까지의 규정에 따른 불법재산, 자금세탁행위 및 공중협박자금조달행위와 관련이 있다고 의심할 만한 합리적 사유가 있는 경우에는 가상자산에 관한 입금 또는 출금을 차단하도록 정하고 있는 가상자산거래약관에 따라 가상자산에 관한 입금 또는 출금을 차단하는 경우. 이 경우 가상자산에 관한 입금 또는 출금의 차단기간은 2개월의 범위에서 필요한 최소한의 기간으로 하되, 부득이한 사유가 있는 경우에는 두 차례에 한정하여 그 기간을 연장할 수 있다.
⑦ 그 밖에 이용자 보호 및 가상자산시장의 투명하고 건전한 거래질서 확립을 위해 가상자산에 관한 입금 또는 출금의 차단이 필요한 경우로서 금융위원회가 정하여 고시하는 경우

이를 위반한 자는 그 위반행위로 인하여 형성된 가격에 의하여 해당 가상자산에 관한 거래를 하거나 그 위탁을 한 자가 그 거래 또는 위탁으로 인하여 입은 손해에 대하여 배상할 책임을 진다(제11조 제3항).194)

가상자산사업자가 이용자의 가상자산에 관한 입금 또는 출금을 차단하는 경우에는 그에 관한 사유를 미리 이용자에게 통지하고, 그 사실을 금융위원회에 즉시 보고하여야 한다(제11조 제2항).

---

194) 이 손해배상청구권은 청구권자가 위반한 행위가 있었던 사실을 안 때부터 2년간 또는 그 행위가 있었던 때부터 5년간 이를 행사하지 아니한 경우에는 시효로 인하여 소멸한다(제11조 제4항).

6. 이상거래에 대한 감시

가상자산시장을 개설·운영하는 **가상자산사업자**는 가상자산의 가격이나 거래량이 비정상적으로 변동하는 거래 등 대통령령으로 정하는 이상거래195)를 상시 감시하고 이용자 보호 및 건전한 거래질서 유지를 위하여 금융위원회가 정하는 바에 따라 적절한 조치를 취하여야 한다(제12조).

가상자산사업자는 이 업무를 수행하면서 제10조를 위반한 사항이 있다고 **의심되는 경우**에는 지체 없이 금융위원회 및 금융감독원장에게 통보하여야 한다. 다만, 제10조를 위반한 혐의가 충분히 증명된 경우 등 금융위원회가 정하여 고시하는 경우에는 지체 없이 수사기관에 신고하고 그 사실을 금융위원회 및 금융감독원장에게 보고하여야 한다(제12조).

---

195) 영 제18조(이상거래의 범위) 법 제12조 제1항에서 "가상자산의 가격이나 거래량이 비정상적으로 변동하는 거래 등 대통령령으로 정하는 이상거래"란 가상자산시장에서 법 제10조 제1항부터 제5항까지의 규정에 따른 불공정거래행위 등의 금지의무를 위반할 우려가 있는 거래 또는 행위로서 다음 각 호의 어느 하나에 해당하는 경우를 말한다. 1. 가상자산의 가격이나 거래량이 비정상적으로 변동하는 경우 2. 가상자산의 가격 등에 영향을 미칠 수 있는 풍문 또는 보도 등이 있는 경우 3. 그 밖에 가상자산시장에서의 공정한 거래질서를 해칠 우려가 있는 경우

7. 불공정거래행위에 대한 과징금

금융위원회는 불공정거래행위(제10조 제1항부터 제4항까지를 위반)를 한 자에 대하여 그 위반행위로 얻은 **이익**(미실현 이익을 포함한다. 이하 같다) 또는 이로 인하여 회피한 **손실액의 2배**에 상당하는 금액 이하의 과징금을 부과할 수 있다. 다만, 그 위반행위와 관련된 거래로 얻은 이익 또는 이로 인하여 회피한 손실액이 없거나 산정하기 곤란한 경우에는 **40억원 이하**의 과징금을 부과할 수 있다(제17조제1항). 금융위원회는 과징금을 부과할 때 동일한 위반행위로 벌금을 부과받은 경우에는 과징금 부과를 취소하거나 벌금에 상당하는 금액196)의 전부 또는 일부를 과징금에서 제외할 수 있다(제17조제2항).

검찰총장은 금융위원회가 과징금을 부과하기 위하여 수사 관련 자료를 요구하는 경우에는 필요하다고 인정되는 범위에서 이를 제공할 수 있다(제17조제3항).

과징금 부과에 대한 의견제출, 이의신청, 과징금납부기한의 연장 및 분할납부, 과징금의 징수 및 체납처분, 과오납금의 환급, 환급가산금 및 결손처분에 대해서는 「자본시장과 금융투자업에 관한 법률」 제431조부터 제434조까지 및 제434조의2부터 제434조의4까지를 준용한다(제17조제4항).

---

196) 몰수나 추징을 당한 경우 해당 금액을 포함한다.

제4절 감독 및 처분 등

1. 감독 및 검사

금융위원회는 가상자산사업자가 가상자산이용자보호법 또는 이 법에 따른 명령이나 처분을 적절히 준수하는지 여부를 감독하고, 가상자산사업자의 업무와 재산상황에 관하여 검사할 수 있다(제13조 제1항).[197]

금융위원회는 위 검사를 할 때 필요하다고 인정되는 경우에는 가상자산사업자에게 업무 또는 재산에 관한 보고, 자료의 제출, 증인의 출석, 증언 및 의견의 진술을 요구할 수 있다(제13조 제3항). 이 검사를 하는 자는 그 권한을 표시하는 증표를 지니고 이를 관계자에게 내보여야 한다(제13조 제4항).

---

[197] 금융위원회는 이 법에 따른 업무의 일부를 대통령령으로 정하는 바에 따라 금융감독원장에게 위탁할 수 있으며(제18조), 검사를 효율적이고 체계적으로 수행하기 위하여 검사계획을 수립·시행할 수 있다(영 제19조 제1항).

2. 필요한 조치

금융위원회는 이용자 보호 및 건전한 거래질서 유지를 위하여 필요한 경우 **가상자산사업자** 또는 대통령령으로 정하는 **이해관계자**198)에게 다음의 사항에 관하여 필요한 조치를 명할 수 있다(제13조 제2항).

① 가상자산이용자보호법 또는 이 법에 따른 명령이나 처분을 적절히 준수하는지 파악하기 위한 자료제출에 관한 사항
② 고유재산의 운용에 관한 사항
③ 이용자 재산의 보관·관리에 관한 사항
④ 거래질서 유지에 관한 사항
⑤ 영업방법에 관한 사항
⑥ 해산결의, 파산선고 등 영업중단 시 이용자 보호에 관한 사항
⑦ 기타 이용자 보호 및 건전한 거래질서 유지를 위하여 필요한 사항으로서 대통령령으로 정하는 사항199)

---

198) 영 제19조(가상자산사업자의 감독·검사 등) ② 법 제13조 제2항 각 호 외의 부분에서 "대통령령으로 정하는 이해관계자"란 다음 각 호의 어느 하나에 해당하는 자(법인인 경우에는 그 임직원을 포함한다)를 말한다. 1. 가상자산을 발행하는 자 2. 가상자산 정보시스템을 개발·운영하는 자 3. 관리기관 4. 특정 금융거래정보법 제7조 제3항 제2호에 따른 실명확인이 가능한 입출금 계정을 개설한 금융회사등 5. 가상자산사업자 또는 제1호부터 제4호까지의 규정에 해당하는 자로부터 업무를 위탁받은 자 6. 가상자산사업자와 법 제2조 제2호 각 목의 행위와 관련된 계약을 체결하고 용역을 제공하는 자 7. 그 밖에 금융위원회가 정하여 고시하는 자

3. 불공정거래행위에 대한 조사·조치

금융위원회는 가상자산이용자보호법 또는 이 법에 따른 명령이나 처분을 위반한 사항이 있거나 이용자 보호 또는 건전한 거래질서를 위하여 필요하다고 인정되는 경우에는 위반 혐의가 있는 자, 그 밖의 관계자에게 참고가 될 보고 또는 자료의 제출을 명하거나 **금융감독원장**[200]에게 장부·서류, 그 밖의 물건을 조사하게 할 수 있다(제14조 제1항).

금융위원회는 위 조사를 위하여 위반행위의 혐의가 있는 자, 그 밖의 관계자에게 다음의 사항을 요구할 수 있다(제14조 제2항).

① 조사사항에 관한 사실과 상황에 대한 진술서의 제출
② 조사사항에 관한 진술을 위한 출석
③ 조사에 필요한 장부·서류, 그 밖의 물건의 제출

---

199) 영 제19조(가상자산사업자의 감독·검사 등) ③ 법 제13조 제2항 제7호에서 "대통령령으로 정하는 사항"이란 다음 각 호의 사항을 말한다. 1. 이해상충 방지체계의 구축·운영에 관한 사항 2. 이용자의 거래한도, 가상자산의 거래규모 등의 제한에 관한 사항 3. 취급하는 가상자산의 제한에 관한 사항 4. 그 밖에 금융위원회가 이용자 보호 및 건전한 거래질서 유지를 위하여 필요하다고 인정하여 고시하는 사항

200) 금융감독원장이 조사를 한 경우에는 그 결과를 금융위원회에 보고하여야 한다.

금융위원회는 위 조사를 할 때 제10조를 위반한 사항의 조사에 필요하다고 인정되는 경우에는 다음의 조치를 할 수 있다(제14조).

① 제출된 장부·서류, 그 밖의 물건의 영치
② 관계자의 사무소 또는 사업장에 대한 출입을 통한 업무·장부·서류, 그 밖의 물건의 조사[201]

금융위원회는 위 조사를 할 때 필요하다고 인정되는 경우에는 가상자산사업자에게 대통령령으로 정하는 방법[202]에 따라 조사에 필요한 **자료의 제출**을 요구할 수 있다(제14조).

금융위원회는 관계자에 대한 조사실적·처리결과, 그 밖에 관계자의 위법행위를 예방하는 데 필요한 정보 및 자료를 대통령령으로 정하는 방법에 따라 **공표**할 수 있다(제14조).

---

[201] 이 조사를 하는 자는 그 권한을 표시하는 증표를 지니고 이를 관계자에게 내보여야 한다(제14조).

[202] 영 제20조(불공정거래행위에 대한 자료의 제출 요구 방법 등) ① 금융위원회는 법 제14조 제4항에 따라 가상자산사업자에게 조사에 필요한 자료의 제출을 요구하는 경우에는 다음 각 호의 사항이 모두 포함된 문서로 해야 한다. 1. 조사목적 2. 조사대상 가상자산의 종류, 거래유형 및 거래기간 ② 금융위원회는 법 제14조 제6항에 따라 다음 각 호의 정보와 자료를 신문·방송 또는 금융위원회의 인터넷 홈페이지 등을 이용하여 공표할 수 있다. 1. 관계자의 소속 및 인적 사항 2. 위법행위의 내용 및 조치사항 3. 조사실적 등 통계자료 4. 그 밖에 관계자의 위법행위를 예방하기 위해 필요한 사항으로서 금융위원회가 정하여 고시하는 사항

4. 가상자산사업자 등에 대한 조치

금융위원회는 **가상자산사업자** 또는 대통령령으로 정하는 **이해관계자**203)가 가상자산이용자보호법 또는 이 법에 따른 명령이나 처분을 위반한 사실을 발견하였을 때에는 다음의 어느 하나에 해당하는 조치를 할 수 있다(제15조).

① 해당 위반행위의 시정명령
② 경고
③ 주의
④ 영업의 전부 또는 일부의 정지
⑤ 수사기관에의 통보 또는 고발

금융위원회는 **가상자산사업자의 임직원**이 가상자산이용자보호법 또는 이 법에 따른 명령이나 처분을 위반한 사실을 발견하였을 때에는 위반행위에 관련된 임직원에 대하여 다음의 구분에 따른 조치를 할 수 있다(제15조).

① 임원에 대한 해임권고 또는 6개월 이내의 직무정지
② 직원에 대한 면직요구 또는 정직요구

---

203) 영 제21조(시정명령 등의 대상자 범위) 법 제15조 제1항 각 호 외의 부분에서 "대통령령으로 정하는 이해관계자"란 제19조 제2항 각 호의 자(법인인 경우에는 그 임직원을 포함한다)를 말한다.

③ 임직원에 대한 주의, 경고 또는 문책요구

금융위원회는 해임권고 또는 면직요구에 해당하는 처분을 하고자 하는 경우에는 청문을 실시하여야 한다(제15조 제3항).

7. 과징금의 부과

금융위원회는 이상의 의무를 위반한 자에 대하여 그 위반행위로 얻은 이익(미실현 이익을 포함한다) 또는 이로 인하여 회피한 손실액의 2배에 상당하는 금액 이하의 과징금을 부과할 수 있다(제17조 제1항).[204]

과징금의 법적 성격은 위법행위로 인한 경제적 이익의 환수 또는 제재하기 위한 부과금으로서 위법행위의 발생 예방이 1차적 목적인 반면, 형벌은 과거의 위반행위에 대한 국가 형벌권의 행사로서 사후적인 응보의 성격을 갖는다. 부과주체도 과징금은 행정청이고 형벌은 사법당국이다. 그리고 형벌은 엄격한 구성요건과 고의를 요하지만, 과징금은 반윤리성을 요구하지 않으므로 과실인 경우에도 부과할 수 있다.[205]

---

[204] 다만, 그 위반행위와 관련된 거래로 얻은 이익 또는 이로 인하여 회피한 손실액이 없거나 산정하기 곤란한 경우에는 **40억원 이하**의 과징금을 부과할 수 있다.

[205] 안현수,『가상자산법』(2024), 188면.

따라서 과징금은 위법행위를 억지하는 행정규제의 본원적 기능이다.[206] 형벌과 과징금 양자가 부과되더라도 이중처벌에 해당하지 않는다.[207] 그러나 동일한 행위를 대상으로 형벌을 부과하면서 과징금을 부과하여 대상자가 거듭 처벌되는 것과 같은 효과를 낳는다면 과잉금지 및 신뢰의 원칙에 반한다.[208] 금융위원회는 과징금을 부과할 때 동일한 위반행위로 벌금을 부과받은 경우에는 과징금 부과를 취소하거나 벌금에 상당하는 금액[209]의 전부 또는 일부를 과징금에서 제외할 수 있다(제17조 제2항).

검찰총장은 금융위원회가 과징금을 부과하기 위하여 수사 관련 자료를 요구하는 경우에는 필요하다고 인정되는 범위에서 이를 제공할 수 있다(제17조 제3항).

금융위원회는 과징금을 부과하는 경우에는 다음의 기준을 따라야 한다(영 제22조 제1항).

 (1) 가상자산이용자보호법 제17조 제1항 본문에 따른 위반행위로 얻은 이익(미실현 이익을 포함한다) 또는 이로 인하여 회피한 손실액은 다음 〈표 4〉에 따라 산정할 것

---

206) 헌법재판소 2003.7.24. 선고 2001헌가25 결정.
207) 헌법재판소 2003.7.24. 선고 2001헌가25 결정; 대법원 2004.4.9. 선고 2001두6197 판결.
208) 헌법재판소 2001.5.31. 선고 99헌가18 결정.
209) 몰수나 추징을 당한 경우 해당 금액을 포함한다.

〈표 4〉 이익 및 손실액의 산정기준

가상자산이용자보호법 시행령 [별표 1]

가상자산이용자보호법 제19조 제1항·제2항에 따른 위반행위로 얻은 이익 등의 산정방식(영 제22조 제1항 제1호 및 제27조 관련)

1. 일반기준

 가. 가상자산이용자보호법 제17조 및 제19조에 따른 위반행위로 얻은 이익 또는 회피한 손실액(이하 "부당이득액"이라 한다)은 제17조 및 제19조에 따른 위반행위와 관련된 거래(위반행위가 행해진 장소와 상관없이 위반행위와 관련된 모든 거래를 말한다)로 얻은 이익(이하 "실현이익"이라 한다), 미실현 이익 및 위반행위로 회피한 손실액(이하 "회피손실액"이라 한다)을 합산하여 산정한다.

 나. 위반행위의 동기·목적이 되는 거래 등으로 인하여 이익을 얻은 경우에는 위반행위의 동기·목적이 되는 거래로 인하여 얻은 이익과 위반행위가 없었을 경우에 얻었을 이익과의 차액으로서 금융위원회가 정하여 고시하는 이익을 부당이득액에 포함한다.

 다. 법인의 대표자나 법인 또는 개인의 대리인, 사용인, 그 밖의 종업원이 그 법인 또는 개인의 업무에 관하여 제17조 및 제19조에 따른 위반행위를 한 경우 그 위반행위로 법인 또는 개인이 얻은 이익도 부당이득액에 포함한다.

 라. 가상자산이용자보호법 제17조 및 제19조에 따른 여러 개의 위반행위가 단일하고 계속된 범의(犯意) 아래 일정기간 반복하여 이뤄진 경우 전체 위반행위기간 동안 발생한 부당이득액은 모두 합산한다.

 마. 여러 사람이 공동으로 위반행위에 가담한 경우에는 해당 위반행위로 발생한 부당이득액을 위반행위자별 부당이득액으로 한

다. 다만, 제17조에 따라 과징금을 부과하기 위하여 부당이득액을 산정하는 경우에는 위반행위자가 얻은 이익 및 해당 위반행위에 가담한 정도 등을 고려하여 위반행위자별로 산정한다.

바. 위반행위로 인한 시세 변동과 전체 위반행위기간 동안 위반행위자와 무관한 제3자의 개입 또는 이에 준하는 사실·행위(이하 "외부요인"이라 한다)로 인한 시세 변동이 결합되어 위반행위로 인한 시세 변동분을 확정하기 어려운 경우에는 다음의 기준에 따라 부당이득액을 산정한다. 다만, 외부요인이 사회통념상 예견 가능하거나 위반행위자가 해당 외부요인을 위반행위에 이용했다고 인정되는 경우 또는 가상자산 지수[210]에 의해 시세 변동이 발생한 경우에는 해당 시세 변동분을 부당이득액에 포함한다.

　　1) 외부요인에 의한 가상자산의 시세 변동이 위반행위로 인한 가상자산의 시세 변동을 완전히 상쇄했다고 인정되는 경우: 외부요인이 발생하기 직전까지의 시점을 기준으로 부당이득액을 산정

　　2) 외부요인에 의한 가상자산의 시세 변동이 위반행위로 인한 가상자산의 시세 변동을 초과했다고 인정되는 경우: 외부요인이 발생한 이후의 시세 변동분은 3분의 1을 반영하여 부당이득액을 산정

　　3) 외부요인에 의한 가상자산의 시세 변동이 위반행위로 인한 가상자산의 시세 변동에 준한다고 인정되는 경우: 외부요인이 발생한 이후의 시세 변동분은 2분의 1을 반영하여 부당이득액을 산정

　　4) 외부요인에 의한 가상자산의 시세 변동이 위반행위로 인한 가상자산의 시세변동에 준하는 정도에 미치지 않는다고 인정되는 경우: 외부요인이 발생한 이후의 시세 변동분 전부를 반영하여 부당이득액을 산정. 다만, 금융위원회가 정하여 고시하는 특별한 사정이 있다고 인정되는 경우 외부요인이 발생한 이후의 시세 변동분은 3분의 2를 반영하여 부당이득액을 산정한다.

사. 위반행위로 발생한 이익이 가상자산인 경우에는 제2호에 따

른 부당이득액 산정대상시점의 해당 가상자산 시세211)를 기준으로 산정한다.

아. 위반행위로 발생한 이익이 외화인 경우 다음의 기준에 따른다.

다음에서 정한 시점의 「외국환거래법」 제5조에 따른 기준환율 또는 재정환율을 기준으로 원화로 환산하여 부당이득액을 산정한다.

1) 실현이익, 회피손실액: 실현이익, 회피손실액 각각의 산정대상 거래 종기(終期)

2) 미실현이익: 제2호에 따라 미실현이익을 산정하는 시점

2. 개별기준

가. 가상자산이용자보호법 제10조 제1항을 위반하여 미공개중요정보 이용행위를 한 경우

1) 실현이익은 위반행위자가 제10조 제1항에 따른 미공개중요정보 이용행위 금지의무를 위반한 행위(이하 "미공개중요정보이용행위"라 한다)를 개시한 시점부터 미공개중요정보의 공개 이후 가상자산시장에서 가상자산의 최초형성최고기준가격(미공개중요정보이용행위 개시 시점부터 미공개중요정보가 공개된 이후 상승세에 있던 기준가격의 흐름이 최초로 멈춘 시점의 기준가격 또는 최초로 하락세로 돌아서는 시점 직전의 기준가격을 말한다. 이하 같다)이 형성된 시점까지 매매한 가상자산에 대하여 다음 계산식에 따라 산정한다.

실현이익=
가상자산의 가중평균 매도단가 - 가상자산의 가중평균 매수단가)×매매일치수량-거래비용

2) 미실현이익은 위반행위자가 미공개중요정보이용행위를 개시한 시점부터 미공개중요정보의 공개 이후 가상자산시장에서 가상자산의 최초형성최고기준가격이 형성된 시점까지 매도하지 않

은 가상자산에 대하여 다음 계산식에 따라 산정한다.

미실현이익=
가상자산의 최초형성최고기준가격 - 가상자산의 가중평균 매수단가)×보유수량-거래비용

3) 회피손실액은 위반행위자가 미공개중요정보이용행위를 개시한 시점부터 미공개중요정보의 공개 이후 가상자산시장에서 가상자산의 최초형성최저기준가격212)이 형성된 시점까지 매매한 가상자산에 대하여 다음 계산식에 따라 산정한다. 이 경우 가상자산의 최초형성최저기준가격이 형성된 시점 전에 매매거래가 정지된 경우에는 매매거래 정지 직전의 최종가격의 70퍼센트에 해당하는 금액을 최초형성최저기준가격으로 보되, 가상자산의 최초형성최저기준가격이 형성된 시점 전에 가상자산거래소가 해당 가상자산의 거래지원 종료를 한 경우에는 최초형성최저기준가격는 0원으로 한다.

회피손실액=
(가상자산의 가중평균 매도단가 - 가상자산의 최초형성최저기준가격)×매도수량-거래비용

나. 가상자산이용자보호법 제10조 제2항 및 제3항을 위반하여 시세조종행위 등을 한 경우
　1) 시세조종행위 등의 금지의무 위반행위를 통해 시세를 상승시킨 경우
　　가) 실현이익은 위반행위자가 제10조 제2항 및 제3항에 따른 시세조종행위 등의 금지의무를 위반한 행위(이하 "시세조종행위금지 위반행위"라 한다)를 개시한 시점부터 시세조종행위금지 위반행위를 종료한 시점까지의 기간(이하 "시세조종기간"이라 한다)에 매매한 법 제10조 제2항 및 제3항에 따른 가상자산에 대하여 다음 계산식에 따라 산정한다.

실현이익=
(가상자산의 가중평균 매도단가 - 가상자산의 가중평균 매수단가)×매매일치수량-거래비용

(1) 위반행위자가 시세조종행위금지 위반행위를 할 것을 예정하고 시세조종행위금지 위반행위를 개시한 시점 전에 가상자산을 보유한 경우에도 위 계산식에 따라 부당이득액을 산정한다.

(2) 위반행위자가 시세조종행위금지 위반행위를 개시하기 전에 보유하고 있던 가상자산이 시세조종행위금지 위반행위로 취득한 것이 아닌 경우에는 가상자산의 가중평균 매수단가는 시세조종행위금지 위반행위를 개시한 시점의 해당 가상자산의 가격을 매수단가로 하여 산정한다. 나)에 따른 미실현이익을 산정할 경우에도 또한 같다.

(3) (2)에 따른 매수단가를 산정할 때 위반행위자가 가상자산을 발행하는 자이거나 가상자산을 발행하는 자로부터 직접 가상자산을 취득한 경우에는 위반행위자가 보유한 수량과 실제 취득단가를 반영하여 매수단가를 보정한다.

나) 미실현이익은 위반행위자가 시세조종기간이 끝나는 시점까지 매도하지 않은 가상자산 및 위반행위자가 시세조종행위금지 위반행위를 할 것을 예정하고 시세조종행위금지 위반행위를 개시한 시점 전에 보유한 가상자산에 대하여 다음 계산식에 따라 부당이득액을 산정한다.

미실현 이익=
(시세조종기간이 끝나는 시점의 가상자산의 가격 -
가상자산의 가중평균 매수단가)× 보유수량 - 거래비용

다) 제1호 나목에 따른 이익을 산정할 때 시세조종행위금지 위반행위가 없었을 경우의 가상자산의 기준가격은 시세조종행위

금지 위반행위를 개시한 시점 직전의 가상자산의 기준가격을 기준으로 한다.
  2) 시세조종행위금지 위반행위를 통해 시세의 하락을 방어한 경우
    가) 실현이익은 위반행위자가 시세조종기간에 매매한 가상자산에 대하여 다음 계산식에 따라 산정한다.

실현이익=
(가상자산의 가중평균 매도단가-시세조종기간 중의 가상자산 최저기준가격의 70퍼센트에 해당하는 금액)×매매일치수량-거래비용

    나) 미실현이익은 위반행위자가 시세조종기간이 끝나는 시점까지 매도하지 않은 가상자산에 대하여 다음 계산식에 따라 산정한다.

미실현이익=
(시세조종기간이 끝나는 시점의 가상자산 최종가격 - 시세조종기간 중의 가상자산 최저기준가격의 70퍼센트에 해당하는 금액)×보유수량 - 거래비용

    다) 제1호 나목에 따른 이익을 산정할 때 시세조종행위금지 위반행위가 없었을 경우의 가상자산의 최종가격은 시세조종기간 중의 가상자산 최저기준가격의 70퍼센트에 해당하는 금액을 기준으로 한다.
  3) 시세조종행위금지 위반행위를 통해 시세를 하락시킨 경우
    제1호 나목에 따라 이익을 산정하되, 시세조종행위금지 위반행위가 없었을 경우의 가상자산 기준가격은 시세조종행위금지 위반행위를 개시한 시점 직전의 가상자산 기준가격을 기준으로 한다.
 다. 가상자산이용자보호법 제10조 제4항을 위반하여 부정거래행

위 등을 한 경우

1) 제10조 제4항에 따른 부정거래행위 등의 금지의무를 위반한 행위(이하 "부정거래행위금지 위반행위"라 한다)가 가상자산의 발행과 관련하여 이루어진 경우에는 가상자산의 발행을 통해 타인으로부터 지급받은 거래대금 전액을 부당이득액으로 한다. 이 경우 제1호 바목은 적용하지 않는다.

2) 1)을 제외한 부정거래행위금지 위반행위를 한 자가 가상자산에 대하여 매매 또는 그 밖의 거래를 한 경우의 부당이득액 산정에 관하여는 가목 및 나목을 준용한다.

3) 2)에 따라 부당이득액을 산정할 때 가상자산거래소에서 거래되지 않는 가상자산의 거래인 경우에는 다음의 구분에 따라 매수단가를 산정한다.

가) 부정거래행위금지 위반행위 직전에 해당 가상자산을 정상적으로 거래한 사례가 확인되는 경우: 해당 사례의 매수단가

나) 부정거래행위금지 위반행위 직전에 해당 가상자산을 정상적으로 거래한 사례가 확인되지 않는 경우: 「상속세 및 증여세법시행령」 제60조 제2항에 따라 평가한 가상자산의 금액. 다만, 같은 규정에 따라 평가할 수 없는 가상자산인 경우에는 매수단가를 0원으로 한다.

라. 법 제10조 제5항을 위반하여 자기 또는 특수관계인이 발행한 가상자산에 대하여 매매 또는 그 밖의 거래를 한 경우: 제1호에 따라 부당이득액을 산정하되, 가목부터 다목까지의 위반행위 양태와 유사한 위반행위 양태가 있는 경우에는 해당 위반행위 유형에 대한 산정기준을 준용하여 부당이득액을 산정한다.

3. 제1호 및 제2호에서 규정한 사항 외에 부당이득액의 세부적인 산정방식은 금융위원회가 정하여 고시한다.

> 비고
> 1. "기준가격"이란 한국표준시를 기준으로 0시, 8시 및 16시의 가격을 말한다.
> 2. "가중평균 매도단가"란 실제 매도가액을 매도수량으로 가중평균한 단가를 말한다.
> 3. "가중평균 매수단가"란 실제 매수가액을 매수수량으로 가중평균한 단가를 말한다.
> 4. "매매일치수량"이란 매수수량과 매도수량 중 더 적은 수량을 말한다.
> 5. "거래비용"이란 위반행위와 관련된 거래를 위해 지출한 매매수수료 및 그 밖에 위반행위와 관련된 거래를 위해 든 비용[213]을 말한다. 다만, 양도소득세, 이자 등 위반행위와 직접적 관련이 없는 비용은 제외한다.
> 6. "보유수량"이란 다음 각 목의 구분에 따른 수량을 말한다.
>   가. 제2호 가목2)에 따른 보유수량: 위반행위자가 가상자산의 최초형성최고기준가격이 형성된 때까지 보유한 가상자산의 수량
>   나. 제2호 나목 1)나) 및 같은 목 2)나)에 따른 보유수량: 시세조종기간이 끝나는 때까지 보유한 가상자산의 수량

---

[210] 가상자산거래소에서 거래되는 다수의 가상자산 가격수준을 종합적으로 표시하는 지수를 말한다.

[211] 부당이득이 발생한 가상자산거래소의 해당 가상자산 시세를 말한다.

[212] 미공개중요정보의 공개 후 하락세에 있던 기준가격의 흐름이 최초로 멈춘 시점의 기준가격 또는 최초로 상승세로 돌아서는 시점 직전의 기준가격을 말한다. 이하 같다.

[213] 미실현이익 산정시 예상되는 거래에 따른 비용은 제외한다.

(2) 위반 정도에 대해서는 다음의 사항을 종합적으로 고려하여 판단할 것

① 위반행위와 관련된 거래로 얻은 이익(미실현 이익을 포함한다) 또는 이로 인하여 회피한 손실액
② 위반행위가 시세 또는 가격에 미치는 영향
③ 위반행위가 제3호 또는 제4호에 해당하는지 여부
④ 그 밖에 위반행위의 동기·내용 및 기간

(3) 위반행위가 1년 이상 지속되거나 5년 이내의 기간 동안 3회 이상 반복적으로 이루어진 경우에는 법정 최고액의 100분의 50 이상을 과징금으로 부과할 것

(4) 위반행위가 다음의 어느 하나에 해당하는 경우에는 과징금을 감면할 것

① 위반행위가 사소한 부주의나 오류로 인한 것으로 인정되는 경우
② 위반행위에 대하여 지체 없이 시정한 경우
③ 위반행위로 인한 이용자의 피해를 배상한 경우

금융위원회는 과징금을 부과하는 경우 금융위원회가 정하여 고시하는 방법에 따라 그 위반행위의 종류와 해당 과징금의 금액을 명시하여 이를 납부할 것을 **서면으로 통지**해야 한

다(영 제22조). 이 경우 다음의 경우를 제외하고는 **검찰총장**에게 위반행위에 대한 수사·처분결과를 확인한 후 통지해야 한다(영 제22조 제2항).

① 금융위원회가 수사기관에 통보하거나 고발한 후 검찰총장과 과징금을 부과하는 것으로 협의한 경우
② 금융위원회가 수사기관에 통보하거나 고발한 후 1년이 경과한 경우에도 수사·처분결과를 확인하지 못한 경우. 다만, 검찰총장이 다음 각 목의 사유로 금융위원회에 수사·처분결과를 확인한 후 과징금을 부과할 것을 요청하는 경우는 제외한다.
(가) 기소중지 등 수사·처분결과 확인이 지연되는 합리적 사유가 있는 경우
(나) 수사·처분결과를 확인하지 않고 과징금을 부과하는 것이 수사·처분결과와 배치될 우려가 있는 경우

과징금의 통지를 받은 자는 통지를 받은 날부터 **60일 이내**에 금융위원회가 정하여 고시하는 수납기관에 과징금을 납부해야 한다(영 제22조 제3항). 그 외에 과징금의 부과에 필요한 세부사항은 금융위원회가 정하여 고시한다(영 제22조 제4항).

그리고 과징금 부과에 대한 의견제출, 이의신청, 과징금납부기한의 연장 및 분할납부, 과징금의 징수 및 체납처분, 과오납금의 환급, 환급가산금 및 결손처분에 대해서는 「자본시장과 금융투자업에 관한 법률」 제431조부터 제434조까지 및 제434조의2부터 제434조의4까지를 준용한다(제17조 제4항).

6. 금융감독원장에 대한 위탁

금융위원회는 이 법에 따른 업무의 일부를 대통령령으로 정하는 바에 따라 **금융감독원장**에게 위탁할 수 있는데(제18조), 구체적인 내용은 다음과 같다(영 제23조 제1항).

① 법 제11조 제2항에 따른 보고의 접수
② 법 제13조 제1항에 따른 가상자산사업자의 업무와 재산상황에 관한 검사, 같은 조 제3항에 따른 보고, 자료의 제출, 증인의 출석, 증언 및 의견 진술의 요구
③ 법 제14조 제1항에 따른 보고 또는 자료 제출 명령, 같은 조 제2항 각 호의 사항 요구 및 같은 조 제4항에 따른 자료 제출의 요구. 다만, 이용자 보호와 건전한 거래질서의 유지를 위해 신속한 처리 등이 필요한 경우로서 금융위원회가 정하여 고시하는 경우는 제외한다.
④ 법 제15조 제1항 제2호·제3호에 따른 경고 및 주의, 같은 조 제2항 제2호에 따른 직원에 대한 정직요구 및 같은 항 제3호에 따른 임직원에 대한 주의, 경고 또는 문책요구. 다만, 이용자 보호와 건전한 거래질서의 유지를 위해 신속한 처리 등이 필요한 경우로서 금융위원회가 정하여 고시하는 경우는 제외한다.
⑤ 제16조 제2항 제1호 각 목 외의 부분에 따른 명세의 접수
⑥ 제19조 제1항에 따른 검사계획의 수립

7. 규제의 재검토

금융위원회는 다음의 사항에 대하여 2024년 1월 1일을 기준으로 **3년마다**214) 그 타당성을 검토하여 개선 등의 조치를 해야 한다(영 제26조).

① 제8조에 따른 예치금의 예치 및 신탁 관리방법
② 제9조에 따른 예치금의 양도 또는 담보제공 금지의 예외 범위
③ 제10조에 따른 예치금의 우선 지급 방법 및 절차
④ 제11조에 따른 가상자산 보관비율 및 보안기준
⑤ 제12조에 따른 보험사고의 범위

금융위원회215)는 다음의 사무를 수행하기 위하여 불가피한 경우 「개인정보 보호법 시행령」 제18조 제2호에 따른 범죄경력자료에 해당하는 정보 및 「신용정보의 이용 및 보호에 관한 법률」 제2조 제1호의2 가목 2)에 따른 개인식별번호(이하 "개인식별번호"라 한다)가 포함된 자료를 처리할 수 있다(영 제25조 제1항).

① 제12조 제2항에 따른 불공정거래행위 관련 사항의 통보·신고 및 보고에 관한 사무

---

214) 매 3년이 되는 해의 기준일과 같은 날 전까지를 말한다.
215) 금융위원회의 권한을 위탁받은 자를 포함한다.

② 제13조에 따른 가상자산사업자에 대한 감독·검사 및 조치에 관한 사무
③ 제14조에 따른 보고·조사·요구·조치 및 공표 등에 관한 사무
④ 제15조에 따른 조치에 관한 사무
⑤ 제17조에 따른 과징금 부과·징수에 관한 사무
⑥ 제22조에 따른 과태료 부과·징수에 관한 사무

8. 금융감독원장

 금융감독원장은 위탁받은 업무의 처리 내용을 원칙적으로 **6개월마다** 금융위원회에 보고해야 하지만, 금융위원회가 정하여 고시하는 업무에 대해서는 금융위원회가 정하여 고시하는 시기에 보고해야 한다(영 제23조 제2항).

 금융감독원장 및 **금융정보분석원장**은 가상자산사업자에 대한 검사의 중복 방지 등을 위해 이 법상 검사계획 및 특정금융거래정보법상의 검사계획 등을 상호 통보할 수 있다(영 제24조).

9. 한국은행

 한국은행은 금융통화위원회가 가상자산거래와 관련하여 통화신용정책의 수행, 금융안정 및 지급결제제도의 원활한 운영을 위하여 필요하다고 인정하는 경우에는 **가상자산사업**

자에 대하여 자료제출을 요구할 수 있다. 이 경우 요구하는 자료는 해당 가상자산사업자의 업무부담을 충분히 고려하여 필요한 최소한의 범위로 한정하여야 한다(제16조).

10. 가상자산사업자

가상자산사업자는 다음의 사무를 수행하기 위하여 불가피한 경우 개인식별번호가 포함된 자료를 처리할 수 있다(영 제25조 제2항).

① 제2조 제2호 각 목의 행위에 관한 업무
② 제6조 제1항에 따른 예치금의 관리에 관한 사무 및 같은 조 제3항에 따른 예치금의 양도 또는 담보 제공에 관한 사무
③ 제9조 제1항에 따른 가상자산거래기록의 생성·보존·파기에 관한 사무
④ 제12조 제1항에 따른 이상거래의 상시 감시, 조치 및 같은 조 제2항에 따른 불공정거래행위 관련 사항의 통보·신고 및 보고에 관한 사무
⑤ 제13조 제3항 및 제14조 제4항에 따른 자료의 제출에 관한 사무

11. 관리기관 및 보관기관

관리기관은 예치·신탁된 예치금의 지급에 관한 사무를 수행하기 위하여 불가피한 경우 개인식별번호가 포함된 자료를 처리할 수 있다(영 제25조 제3항).

이용자의 가상자산을 **보관하는 기관**은 가상자산의 보관에 관한 사무를 수행하기 위하여 불가피한 경우 개인식별번호가 포함된 자료를 처리할 수 있다(영 제25조 제4항).

제5절 벌칙

1. 1년 이상의 유기징역 등

다음의 어느 하나에 해당하는 자는 **1년 이상의 유기징역** 또는 그 위반행위로 얻은 이익 또는 회피한 손실액의 **3배 이상 5배 이하에 상당하는 벌금**에 처한다.

다만, 그 위반행위로 얻은 이익 또는 회피한 손실액이 없거나 산정하기 곤란한 경우 또는 그 위반행위로 얻은 이익 또는 회피한 손실액의 5배에 해당하는 금액이 5억원 이하인 경우에는 **벌금의 상한액을 5억원으로 한다**(제19조 제1항).

① 가상자산과 관련된 미공개중요정보를 해당 가산자산의 매매, 그 밖의 거래에 이용하거나 타인에게 이용하게 한 자
② 가상자산의 매매에 관하여 그 매매가 성황을 이루고 있는 듯이 잘

못 알게 하거나, 그 밖에 타인에게 그릇된 판단을 하게 할 목적으로 같은 항 각 호의 어느 하나에 해당하는 행위를 한 자
③ 가상자산의 매매를 유인할 목적으로 매매가 성황을 이루고 있는 듯이 잘못 알게 하거나 그 시세를 변동 또는 고정시키는 매매 또는 그 위탁이나 수탁을 하는 행위를 한 자
④ 가상자산의 매매, 그 밖의 거래와 관련하여 제10조 제4항 각 호의 어느 하나에 해당하는 행위를 한 자

그러나 위반행위로 얻은 이익 또는 회피한 손실액이 **5억원 이상인 경우**에는 이상의 징역을 다음의 구분에 따라 가중한다(제19조 제3항).

① 이익 또는 회피한 손실액이 **50억원 이상**인 경우: 무기 또는 5년 이상의 징역
② 이익 또는 회피한 손실액이 **5억원 이상 50억원 미만**인 경우: 3년 이상의 유기징역

2. 10년 이하의 유기징역 등

자기 또는 특수관계인이 발행한 가상자산의 매매, 그 밖의 거래를 한 자는 **10년 이하의 유기징역** 또는 그 위반행위로 얻은 이익 또는 회피한 손실액의 **3배 이상 5배 이하에 상당하는 벌금**에 처한다.

다만, 그 위반행위로 얻은 이익 또는 회피한 손실액이 없

거나 산정하기 곤란한 경우 또는 그 위반행위로 얻은 이익 또는 회피한 손실액의 5배에 해당하는 금액이 5억원 이하인 경우에는 **벌금의 상한액을 5억원으로 한다**(제19조).

그러나 위반행위로 얻은 이익 또는 회피한 손실액이 **5억원 이상인 경우**에는 이상의 징역을 다음의 구분에 따라 가중한다(제19조 제4항).

① 이익 또는 회피한 손실액이 **50억원 이상**인 경우: 3년 이상의 유기징역
② 이익 또는 회피한 손실액이 **5억원 이상 50억원 미만**인 경우: 2년 이상의 유기징역

3. 자격정지와 벌금

이상에 따라 징역에 처하는 경우에는 10년 이하의 **자격정지와 벌금**을 병과(並科)할 수 있다(제19조 제5항).

4. 이익과 손실액의 산정 방법

이상의 위반행위로 얻은 **이익**(미실현 이익을 포함한다) 또는 회피한 **손실액**은 그 위반행위를 통하여 이루어진 거래로 발생한 총수입에서 그 거래를 위한 총비용을 공제한 차액을 말한다. 이 경우 각 위반행위의 유형별 구체적인 산정방식은 대통령

령으로 정한다(제19조 제6항).

그 내용은 앞의 금융위원회의 과징금 부과시 적용하는 기준과 동일하다(영 제22조 제1항).216)

5. 몰수·추징

이상의 어느 하나에 해당하는 자가 해당 행위를 하여 **취득한 재산**은 몰수하며, 몰수할 수 없는 경우에는 그 가액을 추징한다(제20조 제1항).

이상의 어느 하나에 해당하는 자가 해당 행위를 위하여 **제공하였거나 제공하려 한 재산**은 몰수하며, 몰수할 수 없는 경우에는 그 가액을 추징한다(제20조 제2항).

6. 양벌규정

법인(단체를 포함한다)의 **대표자**나 법인 또는 개인의 **대리인, 사용인, 그 밖의 종업원**이 그 법인 또는 개인의 업무에 관하여 위반행위를 하면 그 행위자를 벌하는 외에 그 법인 또는 개인에게도 해당 조문의 벌금형을 과(科)한다. 다만, 법인 또는 개인이 그 위반행위를 방지하기 위하여 해당 업무에 관하

---

216) 가상자산 이용사 보호 능에 관한 법률 시행령 [별표 1]

여 **상당한 주의와 감독**을 게을리하지 아니한 경우에는 그러하지 아니하다(제21조).

5. 과태료

다음의 어느 하나에 해당하는 자에 대하여는 **1억원 이하의 과태료**를 부과하며(제22조 제1항), 그 부과기준은 [별표 2]와 같다(영 제28조).

① 제6조를 위반하여 이용자의 예치금을 적법하게 관리하지 아니한 자
② 제7조를 위반하여 이용자의 가상자산을 적법하게 보관하지 아니한 자
③ 제8조를 위반하여 보험 또는 공제에 가입하거나 준비금을 적립하는 등 필요한 조치를 하지 아니한 자
④ 제9조를 위반하여 가상자산거래기록을 생성·보존 또는 파기하지 아니한 자
⑤ 제11조 제2항에 따른 보고를 하지 아니하거나 거짓으로 보고한 자
⑥ 제12조 제1항을 위반하여 이상거래에 대해 적절한 조치를 취하지 아니한 자
⑦ 제12조 제2항에 따른 통보·보고를 하지 아니하거나 거짓으로 통보·보고한 자
⑧ 제13조부터 제15조까지에 따른 검사·조사·명령·요구에 따르지 아니하거나 이를 거부·방해 또는 기피한 자

〈표 5〉 과태료의 부과기준
가상자산이용자보호법 시행령 제28조 관련 [별표 2]

1. 일반기준

> 가. 부과권자는 다음의 어느 하나에 해당하는 경우에는 제2호의 개별기준에 따른 과태료의 2분의 1 범위에서 그 금액을 줄여 부과할 수 있다. 다만, 과태료를 체납하고 있는 위반행위자에 대해서는 그렇지 않다.
> 1) 위반행위가 사소한 부주의나 오류로 인한 것으로 인정되는 경우
> 2) 위반행위자가 법 위반상태를 시정하거나 해소하기 위하여 노력한 것이 인정되는 경우
> 3) 그 밖에 위반행위의 정도, 위반행위의 동기와 그 결과 등을 고려하여 줄일 필요가 있다고 인정되는 경우
>
> 나. 부과권자는 다음의 어느 하나에 해당하는 경우에는 제2호의 개별기준에 따른 과태료의 2분의 1 범위에서 그 금액을 늘려 부과할 수 있다. 다만, 늘려 부과하는 경우에도 법 제22조 제1항에 따른 과태료의 상한을 넘을 수 없다.
> 1) 위반의 내용·정도가 중대하여 가상자산시장 및 이용자에게 미치는 피해가 크다고 인정되는 경우
> 2) 법 위반상태의 기간이 6개월 이상인 경우
> 3) 그 밖에 위반행위의 정도, 위반행위의 동기와 그 결과 등을 고려하여 늘릴 필요가 있다고 인정되는 경우

2. 개별기준

(단위: 만원)

위반행위	근거 법조문	과태료 금액
가. 법 제6조를 위반하여 이용자의 예치금을 적법하게 관리하지 않은 경우	법 제22조 제1항 제1호	3,000
나. 법 제7조를 위반하여 이용자의 가상자산을 적법하게 보관하지 않은 경우	법 제22조 제1항 제2호	3,000
다. 법 제8조를 위반하여 보험 또는 공제에 가입하거나 준비금을 적립하는 등 필요한 조치를 하지 않은 경우	법 제22조 제1항 제3호	10,000
라. 법 제9조를 위반하여 가상자산거래기록을 생성·보존 또는 파기하지 않은 경우	법 제22조 제1항 제4호	3,000
마. 법 제11조 제2항에 따른 보고를 하지 않거나 거짓으로 보고한 경우	법 제22조 제1항 제5호	3,000
바. 법 제12조 제1항을 위반하여 이상거래에 대해 적절한 조치를 취하지 않은 경우	법 제22조 제1항 제6호	6,000
사. 법 제12조 제2항에 따른 불공정거래행위 관련 사항의 통보·보고를 하지 않거나 거짓으로 통보·보고한 경우	법 제22조 제1항 제7호	6,000
아. 법인인 자가 법 제13조부터 제15조까지의 규정에 따른 검사·조사·명령·요구에 따르지 않거나 이를 거부·방해 또는 기피한 경우	법 제22조 제1항 제8호	10,000
자. 법인이 아닌 자가 법 제13조부터 제15조까지의 규정에 따른 검사·조사·명령·요구에 따르지 않거나 이를 거부·방해 또는 기피한 경우	법 제22조 제1항 제8호	6,000 다만, 임직원의 경우에는 2,000만원으로 한다.

제4장 특정금융정보법

제1절 금융회사등
제2절 가상자산사업자
제3절 벌칙

제1절 금융회사등

1. 금융회사등의 개념

이 법상 "금융회사등"이란 다음의 자를 말하며(제2조 제1호, 영 제2조), 가상자산사업자를 포함시켰다.

① 한국산업은행
② 한국수출입은행
③ 중소기업은행
④ 「은행법」에 따른 은행
⑤ 「자본시장과 금융투자업에 관한 법률」에 따른 투자매매업자, 투자중개업자, 집합투자업자, 신탁업자, 증권금융회사, 종합금융회사 및 명의개서대행회사
⑥ 「상호저축은행법」에 따른 상호저축은행과 상호저축은행중앙회
⑦ 「농업협동조합법」에 따른 조합과 농협은행
⑧ 「수산업협동조합법」에 따른 조합과 수협은행
⑨ 「신용협동조합법」에 따른 신용협동조합과 신용협동조합중앙회
⑩ 「새마을금고법」에 따른 금고와 중앙회
⑪ 「보험업법」에 따른 보험회사

⑫ 「우체국예금·보험에 관한 법률」에 따른 체신관서
⑬ 「관광진흥법」에 따라 허가를 받아 카지노업을 하는 카지노 사업자
⑭ **가상자산사업자**
⑮ 신용보증기금
⑯ 기술보증기금
⑰ 「자본시장과 금융투자업에 관한 법률」에 따른 투자일임업자
⑱ 「온라인투자연계금융업 및 이용자 보호에 관한 법률」 제5조에 따라 등록한 온라인투자연계금융업자
⑲ 「여신전문금융업법」에 의한 여신전문금융회사와 신기술사업투자조합
⑳ 「산림조합법」에 의한 산림조합과 그 중앙회
(21) 「금융지주회사법」에 의한 금융지주회사
(22) 「벤처투자 촉진에 관한 법률」 제2조 제10호 및 제11호에 따른 벤처투자회사 및 벤처투자조합
(23) 「외국환거래법」 제8조 제3항 제1호에 따라 등록한 환전영업자
(24) 「농업협동조합법」 제161조의12에 따른 농협생명보험 및 농협손해보험
(25) 「외국환거래법」 제8조 제3항 제2호에 따라 등록한 소액해외송금업자
(26) 「전자금융거래법」에 따른 전자금융업자
(27) 「대부업 등의 등록 및 금융이용자 보호에 관한 법률」 제3조 제2항제5호에 따라 등록한 대부업자 중 같은 법 제9조의7 제1항에 따른 자산규모 이상인 자
(28) 그 밖에 자금세탁행위와 공중협박자금조달행위에 이용될 가능성이 있는 금융거래등을 하는 자로서 법 제3조에 따른 금융정보분석원의 장이 정하여 고시하는 자

2. 금융회사등의 고객 확인의무

가. 조치의 목적

금융회사등은 금융거래등217)을 이용한 **자금세탁행위 및 공중협박자금조달행위를 방지**하기 위하여 합당한 주의(注意)로서 다음의 구분에 따른 **조치**를 하여야 한다($^{제5조의2}_{제1항}$).218)

나. 계좌 신규개설 등

고객이 계좌를 **신규로 개설**하거나 대통령령으로 정하는 금액219) 이상으로 **일회성 금융거래등**을 하는 경우에는 ① 대

---

217) '가상자산거래'를 '금융거래등'의 개념에 포함시켰다($^{제2조}_{제2호 라목}$).

218) 이 경우 금융회사등은 이를 위한 업무 지침을 작성하고 운용하여야 한다.

219) 영 제10조의3(일회성 금융거래등의 금액) ① 법 제5조의2 제1항 제1호 각 목 외의 부분에서 "대통령령으로 정하는 금액"이란 다음 각 호의 구분에 따른 금액을 말한다
1. 제2조 제2호 다목에 따른 거래의 경우: 3백만원 또는 그에 상당하는 다른 통화로 표시된 금액 2. 제2조 제2호 라목에 따른 **가상자산거래**의 경우: 1백만원에 상당하는 가상자산의 금액. 이 경우 가상자산의 현금 환산 기준은 금융정보분석원장이 정하여 고시한다. 3. 제5조의3에 따른 전신송금의 경우: 1백만원 또는 그에 상당하는 다른 통화로 표시된 금액 4. 그 밖의 일회성 금융거래등의 경우: 다음

통령령으로 정하는 고객의 신원에 관한 사항220)과 ② 고객을 최종적으로 지배하거나 통제하는 자연인221)에 관한 사항222)을 확인하여야 한다.

다. 의심되는 거래

고객이 실제 소유자인지 여부가 의심되는 등 고객이 자금세탁행위나 공중협박자금조달행위를 할 **우려가 있는 경우**에는 위 ①과 ②, 그리고 ③ 금융거래등의 목적과 거래자금의

의 구분에 따른 금액 가. 외국통화로 표시된 외국환거래의 경우: 1만 미합중국달러 또는 그에 상당하는 다른 통화로 표시된 금액 나. 위 가목 외의 금융거래등의 경우: 1천만원

220) 영 제10조의4(고객의 신원에 관한 사항) 법 제5조의2 제1항 제1호가목에서 "대통령령으로 정하는 고객의 신원에 관한 사항"이란 다음 각 호의 구분에 따른 사항을 말한다. 1. **개인**(다른 개인, 법인 또는 그 밖의 단체를 위한 것임을 표시하여 금융거래등을 하는 자를 포함한다)의 경우: 실지명의(전자금융거래의 경우 금융정보분석원장이 정하여 고시하는 고객에 대해서는 실지명의 대신 성명, 생년월일 및 성별 등 금융정보분석원장이 정하여 고시하는 사항을 말한다), 주소, 연락처(전화번호 및 전자우편주소를 말한다. 이하 같다) 2. **영리법인**의 경우: 실지명의, 업종, 본점 및 사업장의 소재지, 연락처, 대표자의 성명, 생년월일 및 국적 3. **비영리법인** 그 밖의 단체의 경우: 실지명의, 설립목적, 주된 사무소의 소재지, 연락처, 대표자의 성명, 생년월일 및 국적 4. **외국인** 및 **외국단체**의 경우: 제1호 내지 제3호의 규정에 의한 분류에 따른 각 해당 사항, 국적, 국내의 거소 또는 사무소의 소재지

221) 이하 "실제 소유자"라 한다.

222) 다만, 고객이 법인 또는 단체인 경우에는 대통령령으로 정하는 사항

원천 등 금융정보분석원장이 정하여 고시하는 사항223)을 확인하여야 한다.

라. 가상자산사업자와의 거래

고객이 **가상자산사업자**인 경우에는 위 ① 내지 ③, 그리고 ④ 신고 및 변경신고 의무의 이행에 관한 사항, ⑤ 신고의 수리에 관한 사항, ⑥ 신고 또는 변경신고의 직권 말소에 관한 사항, ⑦ 예치금의 관리 등224)에 해당하는 사항의 이행에 관한 사항을 확인하여야 한다.

마. 업무지침

이상의 업무 지침에는 **고객 및 금융거래등의 유형별**로 자금세탁행위 또는 공중협박자금조달행위의 방지와 관련되는 적절한 조치의 내용·절차·방법이 포함되어야 한다(제5조의2 제2항).

---

223) 금융회사등이 자금세탁행위나 공중협박자금조달행위의 위험성에 비례하여 합리적으로 가능하다고 판단하는 범위에 한정한다.

224) ① 예치금(가상자산사업자의 고객인 자로부터 가상자산거래와 관련하여 예치받은 금전을 말한다)을 고유재산(가상자산사업자의 자기재산을 말한다)과 구분하여 관리 ②「정보통신망 이용촉진 및 정보보호 등에 관한 법률」 제47조 또는 「개인정보 보호법」 제32조의2에 따른 정보보호 관리체계 인증의 획득.

바. 위반 사례

 금융정보분석원(FIU)은 2025년 2월 25일, 두나무㈜의 「특정금융정보법」 위반 관련, 미신고 가상자산사업자와의 거래금지의무 위반으로 영업일부정지 3개월 및 임직원 제재 처분을 한 데 이어, 고객확인의무 위반, 거래제한의무 위반, 의심거래보고의무 위반 등에 대하여 2025년 11월 6일 제재심의위원회를 열어 과태료 처분 관련 최종 심의를 하였는데, 주요 위반사항은 다음과 같다.[225]

(1) 고객확인의무 위반(특금법 제5조의2, 약 530만건)

·신원정보 확인이 불가능(예: 초점이 안 맞거나, 일부 정보를 가린 경우 등)한 실명확인증표를 징구하거나 실명확인증표 원본이 아닌 인쇄·복사본이나 사진파일을 재촬영한 것을 징구하여 부실하게 고객확인 실시
·상세 주소가 공란이거나 부적정하게 기재되어 있고, 주소와 무관한 내용 등을 입력한 고객에 대해 고객확인을 완료 처리
·고객확인 재이행 주기가 도래하였음에도 기한 내 고객확인을 이행하지 않음
·고객의 자금세탁위험도 평가 결과, 자금세탁행위 우려가 있어 위험등급이 상향된 고객에 대해 추가적 조치 없이 거래를 허용
· 고객확인 재이행 시 실명확인증표를 다시 징구하지 않고 최초 가입 시 징구한 실명확인증표를 통해 고객확인을 이행

---

[225] https://www.fsc.go.kr/no010101/85615

(2) 거래제한의무 위반(특금법 제8조, 약 330만건)

가상자산사업자는 고객확인 조치가 모두 끝나지 않은 고객에 대해서는 거래를 제한해야 함에도, 그러지 아니하고 거래를 허용

(3) 의심거래 미보고(특금법 제4조, 15건)

가상자산사업자는 자금세탁 가능성이 의심되는 합당한 근거가 있는 경우에는 의심거래 보고를 해야 함에도, 수사기관의 영장 청구 내용과 관련된 이용자의 의심거래에 대해 FIU에 보고하지 않음

3. 신규거래거절 사유

금융회사등은 다음의 어느 하나에 해당하는 경우에는 계좌 개설 등 해당 고객과의 **신규 거래를 거절**하고, 이미 거래 관계가 수립되어 있는 경우에는 **해당 거래를 종료**하여야 한다(제5조의2 제4항). 이 경우 거래를 거절 또는 종료하는 경우에는 금융회사등은 의심되는 거래의 보고 여부를 검토하여야 한다(제5조의2 제5항).

① 고객이 신원확인 등을 위한 정보 제공을 거부하는 등 고객확인을 할 수 없는 경우
② 가상자산사업자인 고객이 다음의 어느 하나에 해당하는 경우
  (가) 신고 및 변경신고 의무를 이행하지 아니한 사실이 확인된 경우
  (나) 제7조 제3항 제1호 또는 제2호에 해당하는 사실이 확인된 경우

(다) 신고가 수리되지 아니한 사실이 확인된 경우
(라) 신고 또는 변경신고가 직권으로 말소된 사실이 확인된 경우
③ 그 밖에 고객이 자금세탁행위나 공중협박자금조달행위를 할 위험성이 특별히 높다고 판단되는 경우로서 대통령령으로 정하는 경우226)

4. 전신송금 시 정보제공

 금융회사등은 송금인이 전신송금(電信送金)227)의 방법으로 500만원의 범위에서 대통령령으로 정하는 금액228) 이상을 송금하는 경우에는 다음의 구분에 따라 송금인 및 수취인에 관한 정보를 송금받는 금융회사등(이하 "수취 금융회사"라 한다)에 제공하여야 한다(제5조의3 제1항).

---

226) **가상자산사업자**인 고객이 「공중 등 협박목적 및 대량살상무기확산을 위한 자금조달행위의 금지에 관한 법률」 제4조 제1항에 따른 금융거래등제한대상자와 금융거래등을 한 사실이 밝혀진 경우(같은 조 제4항에 따라 금융위원회의 허가를 받아 거래한 경우는 제외한다)를 말한다(영 제10조의7).

227) 송금인의 계좌보유 여부를 불문하고 금융회사등을 이용하여 국내외의 다른 금융회사등으로 자금을 이체하는 서비스를 말한다.

228) 영 제10조의8(정보제공대상 전신송금 기준금액) 법 제5조의3 제1항 각 호 외의 부분에서 "대통령령으로 정하는 금액"이란 다음 각 호의 구분에 따른 금액을 초과하는 금액을 말한다.
1. 국내송금의 경우: **원화 1백만원** 또는 그에 상당하는 다른 통화로 표시된 금액
2. 해외송금의 경우: **1천 미합중국달러** 또는 그에 상당하는 다른 통화로 표시된 금액

① **국내송금**
(가) 송금인의 성명[229]
(나) 송금인의 계좌번호[230]
(다) 수취인의 성명 및 계좌번호

② **해외송금**
(가) 송금인의 성명
(나) 송금인의 계좌번호
(다) 송금인의 주소 또는 주민등록번호[231]
(라) 수취인의 성명 및 계좌번호

국내송금의 경우 수취 금융회사와 금융정보분석원장은 송금한 금융회사등[232]에 다음의 경우에 위 ② 해외송금의 (다)의 정보를 제공하여 줄 것을 요청할 수 있다(제5조의3 제2항).

① 수취 금융회사가 제4조에 따른 보고를 하기 위하여 필요한 경우
② 금융정보분석원장이 수취 금융회사로부터 보고받은 정보를 심사·분석하기 위하여 필요한 경우

송금 금융회사는 송금정보의 제공을 요청받은 경우 **3영업일 이내**에 그 정보를 제공하여야 한다(제5조의3 제3항).

---

229) 법인인 경우에는 법인의 명칭을 말한다. 이하 같다.
230) 계좌번호가 없는 경우에는 참조 가능한 번호를 말한다. 이하 같다.
231) 법인인 경우에는 법인등록번호, 외국인인 경우에는 여권번호 또는 외국인등록번호를 말한다.
232) 이하 "송금 금융회사"라 한다.

가상자산사업자에 대하여 위 **"전신송금 시 정보제공"**을 적용하여 **"가상자산이전 시 정보제공"**은 정보제공의 대상·기준·절차·방법과 그 밖에 필요한 사항은 대통령령으로 정하도록 하였는데(제6조 제3항), 구체적인 내용은 다음과 같다 (영 제10조의10).

① 정보제공은 금융정보분석원장이 정하여 고시하는 환산 기준에 따라 가상자산사업자가 다른 가상자산사업자에게 1백만원 이상에 상당하는 가상자산을 이전하는 경우에 할 것
② 가상자산을 이전하는 가상자산사업자는 가상자산을 이전받는 가상자산사업자에게 다음 각 목의 정보를 제공할 것
(가) 가상자산을 보내는 고객과 가상자산을 받는 고객의 성명[233]
(나) 가상자산을 보내는 고객과 받는 고객의 가상자산주소[234]
③ 금융정보분석원장 또는 가상자산을 이전받는 가상자산사업자가 요청하는 경우에는 가상자산을 보내는 고객의 주민등록번호(법인의 경우에는 법인등록번호를 말한다) 또는 여권번호·외국인등록번호(외국인만 해당한다)를 제공할 것
④ 위 ②에 따른 정보는 가상자산을 이전하는 경우에 함께 제공하고, 위 ③에 따른 정보는 정보제공을 요청받은 날부터 3영업일 이내에 제공할 것

---

233) 법인·단체의 경우에는 법인·단체의 명칭 및 대표자 성명을 말한다.
234) 가상자산의 전송 기록 및 보관 내역의 관리를 위해 전자적으로 생성시킨 고유식별번호를 말한다.

5. 금융거래등 정보의 보유기간 등

금융회사등은 의무이행과 관련된 다음의 자료 및 정보를 금융거래등의 관계가 종료한 때부터 **5년간 보존**하여야 한다(제5조의4 제1항).235)

① 금융거래등 상대방의 실지명의(實地名義)를 확인할 수 있는 자료
② 보고 대상이 된 금융거래등 자료
③ 금융회사등이 의심되는 합당한 근거를 기록한 자료
④ 고객확인자료
⑤ 송금인 및 수취인에 관한 정보
⑥ 그 밖에 의무이행과 관련하여 금융정보분석원장이 정하여 고시하는 자료

이상에서 열거한 사항 외의 부분에서 "금융거래등의 관계가 종료한 때"의 기준은 다음의 날로 한다(제5조의4 제2항).

---

235) 영 제10조의9(금융거래등 정보의 보존방법 등) ① 금융회사등은 법 제4조 제1항에 따른 보고를 한 때에는 해당 보고서와 법 제5조의4 제1항 제1호 각 목의 자료를 다른 금융거래등에 관한 자료와 구분하여 보존해야 한다. ② 금융회사등은 법 제5조의4 제1항 각 호의 자료 및 정보를 문서, 마이크로필름, 디스크, 자기테이프 또는 그 밖의 전산정보처리조직을 이용한 방법으로 보존해야 한다. ③ 금융회사등은 법 제5조의4 제1항 각 호의 자료 및 정보를 주된 사무소의 소재지에 보존해야 한다. 다만, 주된 사무소의 소재지에 보존하는 것이 현저히 곤란한 경우에는 다른 장소에 보존할 수 있다.

① 제2조 제2호 가목의 경우에는 금융회사등과 고객 사이에 모든 채권채무관계가 종료한 날
② 제2조 제2호 나목에서 규정하는 파생상품시장에서의 거래의 경우에는 거래종료사유 발생으로 거래종료일이 도래한 날. 다만, 고객의 계좌가 개설되어 있는 경우에는 그 계좌가 폐쇄된 날로 본다.
③ 제2조 제2호 다목의 경우에는 카지노사업자와 고객 사이에 카지노거래로 인한 채권채무관계를 정산한 날
④ 제2조 제2호 라목의 경우에는 가상자산사업자와 고객 사이에 가상자산거래로 인한 채권채무관계를 정산한 날
⑤ 그 밖의 금융거래등의 경우에는 대통령령으로 정하는 날[236]

---

[236] 영 제10조의9(금융거래등 정보의 보존방법 등) ④ 법 제5조의4 제2항 제5호에서 "대통령령으로 정하는 날"이란 다음 각 호의 어느 하나에 해당하는 사유로 제3조 제1항에 따른 금융거래등이 종료되는 날을 말한다. 1. 관계 법령, 약관 또는 합의 등에 따른 계약기간의 만료 2. 해지권, 해제권 또는 취소권의 행사 3. 변제 등으로 인한 채권의 소멸 4. 그 밖에 금융정보분석원장이 정하여 고시하는 사유 ⑤ 제1항부터 제4항까지에서 규정한 사항 외에 법 제5조의4제1항 각 호의 자료 및 정보의 보존 방법, 장소 등 그 밖에 필요한 사항은 금융정보분석원장이 정하여 고시한다.

제2절 가상자산사업자

1. 가상자산사업자의 개념

가. 가상자산사업자 개념의 확대

'가상자산사업자'(Virtual Asset Service Provider, VASP)의 개념을 가상자산이용자보호법보다 더욱 확대하여, 가상자산과 관련하여 다음의 어느 하나에 해당하는 행위(가상자산거래)를 영업으로 하는 자와 **금융거래등을 하는 자**로서 대통령령으로 정하는 자로 규정하였다.

① 가상자산을 매도·매수(이하 '매매'라 한다)하는 행위
② 가상자산을 다른 가상자산과 교환하는 행위
③ 가상자산을 이전하는 행위 중 대통령령으로 정하는 행위
④ 가상자산을 보관 또는 관리하는 행위
⑤ ① 및 ②의 행위를 중개·알선하거나 대행하는 행위
⑥ **그 밖에 가상자산과 관련하여 자금세탁행위와 공중협박자금조달행위에 이용될 가능성이 높은 것으로서 대통령령으로 정하는 행위**

나. 가상자산사업자 관련 판례

(1) 사실관계

가상자산거래소와 관련된 판례를 보면, A는 당시 국내 가상자산거래소에 상장되어 있지 않은 테더 거래에 따른 현금 수수 등을 위하여 사무실을 마련하고 여러 명의 직원을 고용하였으며, 지인뿐만 아니라 소개를 받은 사람들과 테더를 거래하였는데, 시세보다 약 0.1~0.2% 적은 금액에 테더를 매수한 후 이를 매도하고 현금을 수수하는 방식으로 운영하였다.

영업에 사용한 전자지갑들에는 2023. 6. 1.경부터 2023. 11. 3.경까지 서로 다른 전자지갑 168개로부터 총 1,268회에 걸쳐 합계 141,304,303,573원 상당의 가상자산인 테더(Tether) 107,701, 450.9USDT가 이전되었다. 그리고 같은 기간 동안 위 전자지갑들로부터 수십 개의 서로 다른 전자지갑으로 총 366회에 걸쳐 합계 148,184,269,338원 상당의 테더 112,945,327.24USDT가 이전되었다.

(2) 대법원 판결

가상자산사업자에 해당하는지를 판단할 때에는 영리를 목적으로 같은 법 제2조 제1호 (하)목 1)부터 6)에 규정된 가상자산 관련 거래를 계속·반복하는 자인지를 살펴보아야 한다. 그리고 여기에 해당하는지는 가상자산사업자를 자금세탁 및 공중협박자금조달 방지 체계 내로 편입한 구 특정금융정보법의 개정 취지와 함께 가상자산 관련 거래의 목적, 종류, 규모, 횟수, 기간, 양태 등 개별사안에 드러난 여러 사정을 종합적으로 고려하여 사회통념에 따라 합리적으로 판단해야 한다.

예컨대 자기의 계산으로 오로지 자기의 이익을 위하여 가상자산거래소를 통해서만 가상자산의 매매나 교환을 계속·반복하는 가상자산거래소의 일반적인 이용자는 특별한 사정이 없는 한 가상자산사업자로 보기 어렵지만, **불특정 다수인 고객이나 이용자의 편익을 위하여 가상자산거래를 하고 그 대가를 받는 행위를 계속·반복하는 자는 원칙적으로 가상자산사업자로 볼 수 있다.**

신분이 있어야 성립되는 범죄에 가담한 신분 없는 자는 형법 제33조 본문의 규정에 의하여 공동정범의 책임을 진다. 형법 제30조의 공동정범은 2인 이상이 공동하여 죄를 범하는 것으로서 공동가공의 의사와 그 공동의사에 기한 기능적 행위지배를 통한 범죄 실행이라는 주관적·객관적 요건을 충족함으로써 성립한다. 신분이 없는 자라고 하더라도 전체 범죄에서 그가 차지하는 지위, 역할이나 범죄 경과에 대한 지배 또는 장악력 등을 종합해 볼 때 범죄에 대한 본질적 기여를 통한 기능적 행위지배가 존재한다고 인정된다면 공동정범으로서의 죄책을 면할 수 없다.

따라서 **가상자산사업자의 영업에 관하여 자신의 독자적인**

권한이 없이 상급자의 지시에 의하여 단순히 노무제공을 한 직원이나 보조자에 그치는 것이 아니라, 가상자산사업자의 **영업활동에 지배적으로 관여한 것으로 볼 수 있다면**, 미신고 가상자산거래 영업으로 인한 구 특정금융거래정보의 보고 및 이용 등에 관한 법률(2023. 7. 18. 법률 제19563호로 개정되기 전의 것, 이하 '구 특정금융정보법'이라 한다) 위반죄에 대한 본질적 기여를 통한 기능적 행위지배를 인정할 수 있으므로, 그러한 관여자 역시 공동가공의 의사가 인정되는 한 구 특정금융정보법 위반의 공동정범으로서 죄책을 진다.

외국환거래법 제3조 제1항 제16호 (마)목은 "(나)목의 외국환업무와 유사한 업무로서 대통령령으로 정하는 업무"가 외국환업무에 해당하는 것으로 규정하고 있고, 외국환거래법 시행령 제6조 제4호는 "법 제3조 제1항 제16호 (나)목의 외국환업무에 딸린 업무"가 "위 대통령령이 정하는 업무"에 해당하는 것으로 규정하고 있으므로, **외국환거래법 제3조 제1항 제16호 (나)목의 외국환업무에 직접적으로 필요하고 밀접하게 관련된 부대업무는 위 (마)목의 외국환업무에 해당한다.**

범죄수익은닉의 규제 및 처벌 등에 관한 법률 제2조 제2호가 '범죄수익'의 하나로 열거한 **"범죄행위에 의하여 생긴 재산"이란 중대범죄의 범죄행위에 의하여 취득한 재산도 포함한다.**[237]

---

237) 대법원 2025. 9. 4.선고 2025도4431 판결.

2. 가상자산사업자에 대한 특례[238]

가. 국외에서 이루어진 행위에 대한 적용

가상자산사업자의 금융거래등에 대해서는 국외에서 이루어진 행위로서 그 **효과가 국내에 미치는 경우**에도 이 법을 적용한다(제6조 제2항).

나. 금융정보분석원의 설치

가상자산사업자의 신고에 관한 업무 등을 효율적으로 수행하기 위하여 금융위원회 소속으로 **금융정보분석원**(Korea Financial Intelligence Unit, KoFIU)을 둔다.[239]

이는 금융위원회의 소속이지만 그 **직무수행의 독립성**을 보장하기 위하여 그 권한에 속하는 사무를 독립적으로 수행

---

[238] 이 규정은 2020년 3월 24일 개정시 신설하였다.

[239] 금융회사등이 자금세탁 의심거래를 수사기관 등에 직접 신고하지 않고 금융정보분석원을 경유하도록 별도의 조직을 신설한 이유는 금융정보분석원이 심사분석을 통해 혐의가 인정되는 거래만을 수사기관 등에 제공하도록 여과장치를 둠으로써 대다수 선량한 고객의 금융거래정보가 수사기관 등에 직접 노출되지 않도록 금융비밀을 보호하기 위함이다; 장일석, 『자금세탁방지제도의 이해』(2021), 249면.

하도록 하며, 그 소속 공무원은 법률에 규정한 소정의 업무 외에 다른 업무에 종사하지 못하도록 하였다.

다. 사업의 신고의무

가상자산사업자240)는 대통령령으로 정하는 바에 따라241) 다음의 사항을 **금융정보분석원장에게 신고**하여야 하며(제7조 제1항), 신고한 사항이 변경된 경우에는 대통령령으로 정하는 바에 따라 변경신고를 하여야 한다(제7조 제2항).242)

① 상호 및 대표자의 성명
② 사업장의 소재지, 연락처 등 대통령령으로 정하는 사항243)

---

240) 이를 운영하려는 자를 포함한다.

241) 영 제10조의11(가상자산사업자의 신고) ① 법 제7조 제1항에 따라 신고를 하려는 자는 금융정보분석원장이 정하여 고시하는 **신고서**에 다음 각 호의 서류를 첨부하여 금융정보분석원장에게 제출해야 한다. 1. 정관 또는 이에 준하는 업무운영규정 2. 사업추진계획서 3. 법 제5조의2 제1항 제3호 마목2)에 따른 정보보호 관리체계 인증에 관한 자료 4. 법 제7조 제3항 제2호 본문에 따른 실명확인이 가능한 입출금 계정에 관한 자료 5. 그 밖에 가상자산사업자의 신고를 위해 금융정보분석원장이 필요하다고 정하여 고시하는 자료

242) 영 제10조의11(가상자산사업자의 신고) ③ 법 제7조 제2항에 따라 변경신고를 하려는 자는 신고한 사항이 변경된 날을 기준으로 **30일의 범위**에서 변경사항의 경중 등을 고려하여 금융정보분석원장이 정하여 고시하는 기한까지 금융정보분석원장이 정하여 고시하는 변경신고서에 그 변경사항을 증명하는 서류를 첨부하여 금융정보분석원장에게 제출해야 한다.

243) 영 제10조의11(가상자산사업자의 신고) ② 법 제7조 제1항 제2

라. 사업의 신고시 갖추어야 할 요건

가상자산사업자는 사업신고시 다음의 신고의 수리거부 사유에 해당하지 않도록 **사전에 요건**을 갖추어야 한다. 금융정보분석원장은 다음의 어느 하나에 해당하는 자에 대해서는 대통령령으로 정하는 바에 따라 가상자산사업자의 신고를 수리하지 아니할 수 있다(제7조 제3항).244)

호에서 "사업장의 소재지, 연락처 등 대통령령으로 정하는 사항"이란 다음 각 호의 사항을 말한다. 1. 사업장의 소재지 및 연락처 2. 국적 및 성명(법인의 경우에는 대표자 및 임원의 국적 및 성명을 말한다) 3. 전자우편주소 및 인터넷도메인 이름 4. 호스트서버의 소재지 5. 그 밖에 제1호부터 제4호까지에 준하는 사항으로서 금융정보분석원장이 정하여 고시하는 사항

244) 영 제10조의12(신고의 불수리) ① 금융정보분석원장은 법 제7조 제3항에 따라 신고를 수리하지 않는 경우 서면(전자문서를 포함한다)으로 그 사실 및 사유를 신고인에게 알려야 한다. ② 법 제7조 제3항 제2호 본문에서 "대통령령으로 정하는 금융회사등"이란 다음 각 호의 요건을 모두 갖춘 금융회사등을 말한다. 1. 다음 각 목의 어느 하나에 해당하는 금융회사등일 것 가.「은행법」에 따른 은행 나.「중소기업은행법」에 따른 중소기업은행 다.「농업협동조합법」에 따른 농협은행 라.「수산업협동조합법」에 따른 수협은행 2. 가상자산거래를 이용한 자금세탁행위와 공중협박자금조달행위 방지 업무를 담당하는 조직·인력 및 그 방지 업무 수행에 필요한 전산설비 등 금융정보분석원장이 정하여 고시하는 물적 시설을 갖출 것 ③ 법 제7조 제3항 제3호에 따른 금융관련 법률의 범위는 다음 각 호와 같다. 1. 법 2.「범죄수익은닉의 규제 및 처벌 등에 관한 법률」3.「공중 등 협박목적 및 대량살상무기확산을 위한 자금조달행위의 금지에 관한 법률」4.「외국환거래법」5.「자본시장과 금융투자업에 관한 법률」6.「금융회사의 지배구조에 관한 법률 시행령」제5조 각 호(제32

① **정보보호 관리체계 인증**245)을 획득246)하지 못한 자

② 실명확인이 가능한 **입출금 계정**247)을 통하여 금융거래등을 하지 아니하는 자248)

③ 대통령령으로 정하는 금융관련 법률에 따라 벌금 이상의 형을 선고받고 그 집행이 끝나거나249)집행이 면제된 날부터 5년이 지나지 아니한 자250)

④ 신고 또는 변경신고가 말소되고 5년이 지나지 아니한 자

호·제35호 및 제43호는 제외한다)에 따른 법률 7.「**가상자산 이용자 보호 등에 관한 법률**」 8. 제1호부터 제7호까지의 규정에 따른 법률에 상당하는 외국의 금융관련 법률

245) "개인정보보호 관리체계 인증(PIMS)"과 "정보보호 관리체계 인증(ISMS)"으로 개별 운영되어 오던 인증체계를 2018년 11월 7일부터 하나로 통합하여 "**통합인증제도(ISMS-P : Personal information & Information Security Management System)**"로 시행되고 있다.

246)「정보통신망 이용촉진 및 정보보호 등에 관한 법률」제47조 ① **과학기술정보통신부장관**은 정보통신망의 안정성·신뢰성 확보를 위하여 관리적·기술적·물리적 보호조치를 포함한 종합적 관리체계(이하 "정보보호 관리체계"라 한다)를 수립·운영하고 있는 자에 대하여 제4항에 따른 기준에 적합한지에 관하여 **인증**을 할 수 있다. ④ 과학기술정보통신부장관은 제1항에 따른 정보보호 관리체계 인증을 위하여 관리적·기술적·물리적 보호대책을 포함한 인증기준 등 그 밖에 필요한 사항을 정하여 고시할 수 있다.
「개인정보 보호법」제32조의2 ① **보호위원회**는 개인정보처리자의 개인정보 처리 및 보호와 관련한 일련의 조치가 이 법에 부합하는지 등에 관하여 **인증**할 수 있다.

247) 동일 금융회사등(대통령령으로 정하는 금융회사등에 한정한다.)에 개설된 가상자산사업자의 계좌와 그 가상자산사업자의 고객의 계좌 사이에서만 금융거래등을 허용하는 계정을 말한다.

248) 다만, 가상자산거래의 특성을 고려하여 금융정보분석원장이 정하는 자에 대해서는 예외로 한다.

249) 집행이 끝난 것으로 보는 경우를 포함한다.

금융회사등이 실명확인이 가능한 입출금 계정을 개시하는 기준, 조건 및 절차에 관하여 필요한 사항은 대통령령으로 정한다(제7조
제9항).251)

마. 신고의 유효기간

신고의 유효기간은 신고를 수리한 날부터 5년 이하의 범위에서 대통령령으로 정하는 기간252)으로 하고, 신고 유효기

---

250) 가상자산사업자가 법인인 경우에는 그 대표자와 임원을 포함한다.

251) 영 제10조의18(실명확인입출금계정의 개시) ① 법 제7조 제9항에 따른 실명확인입출금계정의 개시 기준은 다음 각 호와 같다. 1. 법 제5조의2 제1항 제3호 마목 1)에 따라 예치금을 고유재산과 구분하여 관리하고 있을 것 2. 정보보호관리체계인증을 획득하였을 것 3. 가상자산사업자의 고객별로 거래내역을 분리하여 관리하고 있을 것 ② 금융회사등은 실명확인입출금계정을 개시하려는 경우 법 제5조 제1항 제2호에 따른 가상자산사업자의 절차 및 업무지침을 확인하여 가상자산사업자와의 금융거래등에 내재된 자금세탁행위와 공중협박자금조달행위의 위험을 식별·분석·평가해야 한다. ③ 금융회사등은 자금세탁행위와 공중협박자금조달행위의 방지를 위해 필요하다고 인정하는 경우 법 제7조 제1항 또는 제2항에 따른 신고 또는 변경신고가 수리된 이후에 금융거래등이 이루어질 것을 조건으로 하여 실명확인입출금계정을 개시할 수 있다. ④ 실명확인입출금계정은 법 제7조 제6항에 따른 신고 또는 갱신신고 유효기간의 만료일까지 사용할 수 있다.

252) 영 제10조의15(신고의 유효기간) ① 법 제7조 제6항에 따라 가상자산사업자 신고의 유효기간은 신고를 수리한 날부터 3년으로 한다. 다만, 제2항에 따라 갱신신고서가 제출된 경우로서 법 제7조 제3항에 따른 불수리 사유에 대한 심사에 상당한 기간이 걸리는 등 불가피한 사유로 유효기간이 만료된 후에 갱신 신고의 수리 여부가 통보된 경우에는 그 수리 여부가 통보된 날에 유효기간이 만료하는 것으로 본다.

간이 지난 후 계속하여 같은 행위를 영업으로 하려는 자는 대통령령으로 정하는 바에 따라 신고를 갱신하여야 한다(제7조).253)

바. 신고의 직권말소 사유

금융정보분석원장은 가상자산사업자가 다음의 어느 하나에 해당하는 경우에는 대통령령으로 정하는 바에 따라 신고 또는 변경신고를 **직권으로 말소**할 수 있다(제7조).254)

---

253) 영 제10조의15(신고의 유효기간) ② 법 제7조 제6항 후단에 따라 신고를 갱신하려는 자는 금융정보분석원장이 정하여 고시하는 갱신신고서에 다음 각 호의 서류를 첨부하여 유효기간이 만료되기 **45일 전까지** 금융정보분석원장에게 제출해야 한다. 1. 정보보호관리체계인증에 관한 자료 2. 실명확인입출금계정에 관한 자료 ③ 금융정보분석원장은 법 제7조 제6항 후단에 따른 신고의 갱신에 필요하다고 인정하는 경우 가상자산사업자에게 그 유효기간 만료시까지 신고를 갱신하지 않으면 갱신을 받을 수 없다는 사실과 그 절차에 관한 사항을 미리 알릴 수 있다.

254) 영 제10조의13(신고 등의 직권말소) ① 금융정보분석원장은 법 제7조 제4항에 따라 신고 또는 변경신고를 직권으로 말소하는 경우 서면(전자문서를 포함한다)으로 그 사실 및 사유를 신고인에게 알려야 한다. ② 법 제7조 제4항 제1호 단서에서 "대통령령으로 정하는 경우"란 가상자산사업자의 정보보호관리체계인증 갱신 신청에 대해 가상자산사업자의 책임 없는 사유로 그 갱신 여부가 결정되지 않은 경우를 말한다.
③ 법 제7조 제4항 제4호에서 "거짓이나 그 밖의 부정한 방법으로 신고 또는 변경신고를 하는 등 대통령령으로 정하는 경우"란 다음 각 호의 어느 하나에 해당하는 경우를 말한다. 1. 거짓이나 그 밖의 부정한 방법으로 법 제7조 제1항에 따른 신고 또는 같은 조 제2항에 따른 변경신고를 한 경우 2. 「가상자산 이용자 보호 등에 관한

① 신고거부사유에 해당하는 경우255)
②「부가가치세법」제8조에 따라 관할 세무서장에게 폐업신고를 하거나 관할 세무서장이 사업자등록을 말소한 경우
③ 영업의 전부 또는 일부의 정지 명령을 이행하지 아니한 경우
④ 거짓이나 그 밖의 부정한 방법으로 신고 또는 변경신고를 하는 등 대통령령으로 정하는 경우

사. 영업정지명령 사유

금융정보분석원장은 가상자산사업자가 다음의 어느 하나에 해당하는 경우에는 대통령령으로 정하는 바에 따라 **6개월**의 범위에서 영업의 전부 또는 일부의 정지를 명할 수 있다(제7조 제5항).256)

법률」제15조 제1항 제4호에 따른 영업정지 기간 중에 영업을 한 경우 3. 영업과 관련하여 부정한 방법으로 타인으로부터 금전이나 그 밖의 재산적 가치가 있는 것(이하 이 호에서 "금전등"이라 한다)을 받거나 타인에게 줄 금전등을 취득한 경우

255) 다만, 정보보호 관리체계 인증을 획득하지 못한 자로서 대통령령으로 정하는 경우에는 그러하지 아니하다.

256) 영 제10조의14(영업의 정지) ① 금융정보분석원장은 법 제7조 제5항에 따라 영업의 정지를 명하는 경우에는 다음 각 호의 사항을 종합적으로 고려해야 한다. 1. 위반행위의 동기 및 배경 2. 위반행위의 유형 및 성격 3. 위반행위의 효과 및 영향력 4. 법 위반상태의 시정 노력 ② 법 제7조 제5항 제3호에서 "대통령령으로 정하는 경우"란 다음 각 호의 경우를 말한다. 1. 법 제8조에 따른 조치를 이행하지 않은 경우 2. 법 제15조 제1항 및 제6항에 따른 감독·명령·지시·검사·조치에 따르지 않거나 이를 거부·방해 또는 기피한 경우

① 시정명령을 이행하지 아니한 경우
② 기관경고를 3회 이상 받은 경우
③ 그 밖에 고의 또는 중대한 과실로 자금세탁행위와 공중협박자금조달행위를 방지하기 위하여 필요한 조치를 하지 아니한 경우로서 대통령령으로 정하는 경우

아. 조치사항의 공개

금융정보분석원장은 이상의 가상자산사업자의 신고에 관한 정보 및 금융정보분석원장의 조치를 대통령령으로 정하는 바에 따라 **공개**할 수 있다(제7조 제7항).

자. 금융감독원장에 대한 위임

금융정보분석원장은 이상의 가상자산사업자의 신고와 관련한 업무로서 대통령령으로 정하는 업무를 「금융위원회의 설치 등에 관한 법률」에 따른 **금융감독원의 원장**에게 위탁할 수 있다(제7조 제8항).

차. 가상자산사업자의 조치

가상자산사업자는 보고의무 이행 등을 위하여 **고객별 거래내역을 분리**하여 관리하는 등 조치를 하여야 한다(제8조).[257]

---

257) 영 제10조의20(가상자산사업자의 조치) 법 제8조에서 "고객별 거래내역을 분리하여 관리하는 등 대통령령으로 정하는 조치"란 다

제3절 벌칙

1. 5년 이하의 징역 등

신고를 하지 아니하고 가상자산거래를 영업으로 한 자[258]

음 각 호의 조치를 말한다. 1. 고객별로 거래내역을 분리하여 관리할 것 2. 법 제5조의2 제1항 제3호 마목 1)에 따라 예치금을 고유재산과 구분하여 관리할 것 3. 법 제5조의2 제1항 각 호에 따른 확인조치가 모두 끝나지 않은 고객에 대해서는 거래를 제한할 것 4. 법 제7조 제1항 및 제2항에 따른 신고·변경신고 의무를 이행하지 않은 가상자산사업자와는 영업을 목적으로 거래하지 않을 것 5. 자금세탁행위와 공중협박자금조달행위를 효율적으로 방지하기 위해 다음 각 목의 행위에 대한 거래를 제한하는 기준을 마련하여 시행할 것 가. **가상자산사업자**나 가상자산사업자 본인의 **특수관계인**(「상법 시행령」 제34조 제4항 각 호에 따른 특수관계인을 말한다)이 발행한 가상자산의 매매·교환을 중개·알선하거나 대행하는 행위 나. **가상자산사업자의 임직원**이 해당 가상자산사업자를 통해 가상자산을 매매하거나 교환하는 행위 다. **가상자산사업자**가 가상자산의 매매·교환을 중개·알선하거나 대행하면서 실질적으로 그 중개·알선이나 대행의 상대방으로 거래하는 행위 6. 그 밖에 제1호부터 제5호까지에 준하는 조치로서 투명한 **가상자산거래**를 위해 금융정보분석원장이 정하여 고시하는 조치

258) 거짓이나 그 밖의 부정한 방법으로 신고를 하고 가상자산거래

는 5년 이하의 징역 또는 5천만원 이하의 벌금에 처한다(제17조 제1항).

2. 3년 이하의 징역 등

변경신고를 하지 아니한 자[259]는 **3년 이하의 징역** 또는 **3천만원 이하의 벌금**에 처한다(제17조 제2항).

3. 1년 이하의 징역 등

다음의 어느 하나에 해당하는 자는 **1년 이하의 징역** 또는 **1천만원 이하의 벌금**에 처한다(제17조 제3항).

① 제4조 제1항 및 제4조의2 제1항·제2항에 따른 보고를 거짓으로 한 자
② 제4조 제6항을 위반한 자

를 영업으로 한 자를 포함한다.
259) 거짓이나 그 밖의 부정한 방법으로 변경신고를 한 자를 포함한다.

참 고 문 헌

Ⅰ. 한국 문헌

1. 단행본

고동원, 『탈중앙화금융(DeFi)의 현황과 법제 정비 방안』, KIF, 2022.
김기동·이창운, 『법인에게 열리는 가상자산 투자시대:기업의 투자와 사업 활용 전략』, 법률신문사, 2025.
김재진·최인석, 『가상자산 법제의 이해』, 박영사, 2022.
김중규·문성훈·박재홍, 『한국 STO 현재와 미래』, 온스토리, 2024.
김창익, 『달러패권, 머스크, 트럼프가 설계하는 비트코인의 미래』, 클라우드나인, 2024.
김홍기, 『자본시장법』, 박영사, 2024.
민병덕외, 『원화 스테이블코인 사용설명서』, 여의도책방, 2025.
민일영 편집대표, 『주석 민사집행법(Ⅳ)』, 한국사법행정학회, 2024.
박예신, 『스테이블코인 디지털 금융의 미래』, 더난콘텐츠그룹, 2023.
박정환·좌봉두, 『블록체인 이해와 암호화폐』, 한올, 2018.
박 준·한 민, 『금융거래와 법』, 박영사, 2024.
법률연구회, 『가상화폐의 이해』, 법률정보센터, 2022.
법무법인 화우, 『가상자산 A to Z』, 한국경제신문, 2022.
법무부, 『민사법상 가상자산 관련 입법 개선방안 연구』, 2022.
변제호외, 『자본시장법』, 지원출판사, 2015.

성낙인, 『헌법』, 법문사, 2025.
송덕수, 『민법강의』, 박영사, 2025.
안현수, 『가상자산법』, 박영사, 2024.
업비트 투자자보호센터, 『유럽연합(EU)의 암호자산시장에 관한 법률(MiCA)』, 2023.
오 공, 『비트코인 세계사』, 하움출판사, 2020.
유상희, 『하루만에 끝내는 NFT 공부』, 원앤원북스, 2022.
이경미·정순섭·이동진·박상철, 『디지털자산 산업의 책임있는 성장을 위한 법무정책 연구(Ⅰ)』, 한국형사·법무정책연구원, 2024.
이근호, 『토큰증권』, 커뮤니케이션북스, 2023.
이정엽외, 『가상자산 판례백선-민사·신청편-』, 박영사, 2023.
_____, 『가상자산 판례백선-형사·행정편-』, 박영사, 2024.
이중교, 『조세법개론』, 삼일인포마인, 2024.
이시윤·조관행, 『민사집행법』, 박영사, 2025.
이종성·고동문, 『STO 토큰증권 발행』, 지식공감, 2023.
이재성, 『미래 투자전략의 핵심축 토큰증권(STO)』, 유엔제이, 2023.
이준봉, 『법인세법강의』, 삼일인포마인, 2025.
임재연, 『자본시장법』, 박영사, 2025.
자본시장연구원, 『국회 발의 가상자산업법의 비교분석 및 관련 쟁점의 발굴검토』, 2022.
장세형·성필규·이진석, 『한권의 디지털 자산』, 프리렉, 2024.
장일석, 『자금세탁방지제도의 이해』, 박영사, 2021.
전병서, 『민사집행법』, 박영사, 2024.
전북대학교 동북아법연구소, 『가상재화와 인공지능법의 신동향』, 인포피아, 2024.

정세진, 『디지털 금융 기초 법률 상식』, 한국금융연수원, 2025.
정찬형, 『상법강의(상)(하)』, 박영사, 2025.
처리형(신민철), 『비트코인 인생에 다시 없을 혁명적 부의 기회』, 거인의 정원, 2024.
최호진, 『형법 각론』, 박영사, 2025.
홍병진·박수진·김민경, 『주요국의 디지털자산 과세제도-EU의 법적 프레임을 중심으로-』, 한국조세재정연구원, 2024.
황순주, 『금융의 혁신과 경쟁촉진을 위한 중장기 전략 연구: CBDC 기반 은행산업 구조개편의 효과와 한계에 대한 이론적 검토』, KDI, 2024.
황정훈, 『생초보를 위한 암호화폐 설명서』, 호이테북스, 2018.

2. 논문

강영기, "암호자산 관련 법적 쟁점과 암호자산의 향후 전망에 대한 소고-최근 일본의 법제도 정비 내용을 중심으로-", 『은행법연구』, 제12권 제2호, 2019.11.
강윤지, "일본 금융청, 가상자산 관련 금융상품거래법 개정", 『리포트』, 글로벌 이슈, 보험연구원, 2025.7.21.
_____, "美 가상자산 규제 동향과 금융업 대응 방안", 하나금융경영연구소, 2023.7.19.
김경석, "일본 가상화폐 규제 관련 법제 동향1", 『최신외국법제정보』, 2021 제4호, 한국법제연구원, 2021.10.31.
/file:///C:/Users/Samsung/Downloads/4-2%20(1).pdf
김민수, "가상화폐의 재물성에 관한 형사법적 검토", 『사법』, 제66호, 사법발전재단, 2023.
김범준·김석환, "가상자산 소득과세의 쟁점과 입법 과제", 『사법』,

제66호, 사법발전재단, 2023.12.

김병연, "가상자산의 법적 성질과 가상자산법의 입법방향", 『금융법연구』, 제20권 제3호, 한국금융법학회, 2023.12.

김현우, "일본의 범죄수익이전방지제도에 관한 검토", 『한양법학』, 제35권 제1집, 한양법학회, 2024.2.

김홍기, "최근 디지털 가상화폐 거래의 법적 쟁점과 운용방안", 『증권법연구』, 제15권 제3호, 한국증권법학회, 2014.

류경은, "미국의 디지털자산 최근 규제 현황 및 시사점-투자계약과 관련한 미국 하급심 법원의 판단 및 FIT21 법안을 중심으로-", 『금융법연구』, 제21권 제3호, 한국금융법학회, 2024.12.

박영호, "암호화폐와 강제집행, 비트코인을 중심으로", 『사법』, 제49호, 사법발전재단, 2019.

_____, "가상화폐와 강제집행", 『재판자료(141): 민사집행법 실무연구(V)』, 법원도서관, 2021.

부고운나라, "가상자산에 대한 강제집행-가상화폐를 중심으로-", 『금융법연구』, 제20권 제2호, 한국금융법학회, 2023.8.

신석영, "가상화폐에 대한 강제집행의 제문제와 특별현금화 방안에 대한 제언", 『변호사』, 제51집, 서울지방변호사회, 2018.

유재인, "엘살바도르, IMF 지원 위해 '법정 화폐' 비트코인 결제 의무화 폐지", 조선일보, 입력 2025.02.01.

원대성, "국내 가상자산 펀드 도입을 위한 자본시장법상 주요 과제-신탁업자의 가상자산 보관 및 관리를 중심으로-", 『금융법연구』, 제20권 제2호, 한국금융법학회, 2023.8.

_____, "「가상자산 이용자 보호 등에 관한 법률」에 따른 미공개중요정보 이용행위에 대한 개선방안-자본시장법 규제체계 도입의 필요성-", 『금융법연구』, 제21권 제2호, 한국금융법학회, 2024.8.

_____, "가상자산 이용자 보호를 위한 분쟁조정제도의 법적 미비점과 개선방안", 『금융법연구』, 제22권 제1호, 한국금융법학회, 2025.4.

이명영, "EU 가상자산법(MiCA) 후속 지침 관련 주요 내용 및 동향 검토", 『전자금융과 금융보안』, 제35호, 금융보안원, 2024.2.1.

이석준, "가상자산 투자자 보호를 위한 진입·영업행위·공시규제의 적용 방안 연구", 『사법』, 제66호, 사법발전재단, 2023.

_____, "2024년 가상자산 중요판례평석", 『인권과정의』, 대한변호사협회, 2025.5.

이혜정·김정환·서용성, "가상자산에 대한 민사집행연구", 사법정책연구원, 2022.

장보성, "스테이블 코인의 리스크와 정책 과제", 『이슈보고서 22-28』, 자본시장연구원.

전승재·권헌영, "비트코인에 대한 민사상 강제집행방안", 『정보법학』, 제22권 제1호, 한국정보법학회, 2018.

전휴재, "가상자산에 대한 민사집행에 관한 소고", 『사법』, 제66호, 사법발전재단, 2023.

정다영, "암호화폐 거래에 대한 민사법적 고찰", 『민사법이론과 실무』, 제22권 제2호, 2019.

정다훈, "금융위원회의 가상화폐 현물 ETF 승인 거부의 법적 검토-Grayscale Inc. v. SEC 사건 및 가상화폐의 자본시장법상 기초자산 해당 여부를 중심으로-", 『금융법연구』, 제21권 제1호, 한국금융법학회, 2024.4.

정 대, "미국의 디지털자산 규제동향과 은행의 디지털자산 관련 업무", 『금융법연구』, 제20권 제3호, 한국금융법학회, 2023.12.

정지수, "가상자산 자금세탁방지 관련 국제적 현황 및 시사점", 『자본시장포커스』, 자본시장연구원, 2020.1.21.

최호진, "가상자산 발행 및 투자유치에 대한 형법적 검토", 『사법』, 제66호, 사법발전재단, 2023.

홍지연, "글로벌 가상자산 과세 현황 및 국내 시사점", 『자본시장포커스』, 자본시장연구원, 2021.9.28.

____, "최근 미국의 가상자산 규제 마련 움직임 및 배경", 『자본시장포커스』, 자본시장연구원, 2023.9.19.

Ⅱ. 일본 문헌

1. 단행본

開米瑞浩, 『暗号資産 初入門』, 技術評論社, 2022.

久保田隆編, 『ブロックチェーンをめぐる實務·政策とと法』, 中央經濟社, 2018.

伊藤眞外編, 『倒産手續の課題と期待: 多比羅誠辯護士喜壽記念論文集』, 有斐閣, 2020.

增島雅和·堀 天子, 『暗号資産の法律』, 中央經濟社, 2023.

2. 논문

片岡義廣, "ブロックチェーンと假想通貨をめぐる法律上の基本論點", 久保田隆編, 『ブロックチェーンをめぐる實務·政策と法』, 中央經濟社, 2018.

伊藤眞, "假想通貨(暗号資産)と倒産法上の諸問題", 伊藤眞外編, 『倒産手續の課題と期待: 多比羅誠辯護士喜壽記念論文集』, 有斐閣, 2020.

Ⅲ. 미국 및 유럽

About the FIT21 Bill: Background, Content, and Impact, Tax DAO-Ray,2024-06-2410:29:15/https://www.chaincatcher.com /en/article/2130331

A Controversial Effort Caught in the Crossfire of the FTX Collapse, By ChuChen-Edited by Cindy Kuang, December 12,2022Reports/https://jolt.law.harvard.edu/digest/digital-commodities-consumer-protection-act-of-2022-a-controversial-effort-caught-in-the-crossfire-of-the-ftx-collapse-1

https://beyer.house.gov/news/documentsingle.aspx?DocumentID=5307

https://www.trmlabs.com/ko/glossary/stablecoins#--19

https://www.gibsondunn.com/lummis-gillibrand-responsible-financial-innovation-act-an-overview-of-new-provisions-in-the-reintroduced-bill/

https://en.wikipedia.org/wiki/Financial_Innovation_and_Technology_for_the_21st_Century_Act

https://iq.wiki/kr/wiki/blockchain-regulatory-certainty-act

https://www.sec.gov/about/divisions-offices/division-corporation-finance/framework-investment-contract-analysis-digital-assets

https://eur-lex.europa.eu/eli/reg/2023/1114/oj/eng

YouTube
박교수의 7분법(seven-law)

09 가상자산법

초판 인쇄　2025년 12월 1일
초판 발행　2025년 12월 1일

지은이　박승두
펴낸이　이혜숙　　**펴낸곳**　신세림출판사
등록일　1991년 12월 24일 제2-1298호

04559 서울특별시 중구 퇴계로49길 14
　　　(충무로5가, 충무로엘크루메트로시티2) 1동 720호
전화　02-2264-1972　　팩스　02-2264-1973
E-mail : shinselim72@hanmail.net

정가　28,000원

ISBN 978-89-5800-289-5, 02330

※ 파본·낙장은 교환하여 드립니다.
※ 이 책의 무단 전제·복사 등의 행위는 저작권법에 의하여 처벌받습니다.